'Die Spinnstube', Holzschnitt von H.S. Behan, 16. Jahrhundert

Umschlag und Gestaltung:
Jürgen Holtfreter und Verwendung einer Illustration aus der Wenzelsbibel (um 1390)

Druck und Verarbeitung:
Präzis-Druck GmbH, Karlsruhe

Printed in Germany

ISBN 3-926642-10-6

Eva Schirmer

Mystik und Minne

Frauen im Mittelalter

Inhalt

MERCATORIA
4 ARCHITECTVRA
5 VENATORIA
6 CYRVRGIA
7 TYMPANISTRIA

Für Dietrich

Der Minnesänger Otto von Brandenburg spielt mit einer Dame Schach. Miniatur aus der „Manessischen Handschrift", Zürich um 1330.

Vorwort

Frauen im Mittelalter – das Thema scheint so weit entfernt von unseren heutigen Interessen und Problemen. Was soll uns das „finstere“ Mittelalter? Seit ich mich mit diesem Thema zu beschäftigen begann, fand ich es immer faszinierender, die Geschichte der Frauen früherer Jahrhunderte kennenzulernen und mich selbst in dieser Geschichte wiederzuentdecken.

In den letzten Jahren ist das Thema „Frauen im Mittelalter“ mehrfach von Frauen behandelt worden – meist wurden die positiven Seiten der Selbständigkeit und Vitalität der Frauen dieser Zeit herausgehoben, um sie gegen spätere gesellschaftliche Unterdrückung abzusetzen, etwas zu positiv und undifferenziert nach meiner Auffassung.[1] Die verschiedenen Gruppen von Frauen dieser Zeit unterscheiden sich erheblich in bezug auf ihre Lebensmöglichkeiten, und bei aller Selbständigkeit – vor allem der Stadt-Frauen – ist ihnen eines gemeinsam: die Unterdrückung aufgrund ihres Geschlechts durch Rechtsnormen und durch die Lehrmeinung der Kirche. Für meine Beschäftigung mit dem Thema war dies der Ausgangspunkt: Welche Rolle hat die Kirche im Laufe der Geschichte in bezug auf Unterdrückung oder Befreiung von Frauen gespielt?

Damit soll auch deutlich gesagt sein: Ich schreibe als Frau, und noch enger: als eine von männlich-hierarchischer Kirche geprägte, bürgerlich erzogene Frau.

Eine solche Prägung bedeutet auch meist eine idealistische Auffassung von Kirchengeschichte. In meinem Studium habe ich mühsam gelernt, auch nach den materiellen Interessen der Handelnden und Leidenden in der Geschichte zu fragen, dabei aber feststellen müssen, daß die Frauen und ihre spezifische Unterdrückung zum „Nebenwiderspruch“ gehören. Aus meiner eigenen Erziehung und meinen Erfahrungen mit bürgerlichen, insbesondere kirchlich geprägten Frauen habe ich gelernt, wie mühsam wir alle dazu kommen, ökonomische Fragen als bestimmendes Moment unserer eigenen Existenz und der von Menschen einer anderen Klassenlage zu erkennen. Daß dieses Bewußtsein gerade bei kirchlichen Frauen fehlt, hat eine jahrhundertelange Geschichte, in der Männer bestimmten, wie Frauen zu denken hatten und welche Aufgaben ihnen innerhalb der Kirche und Gesellschaft zukamen – nämlich die dienenden, karitativen. Damit war es die vornehmste Aufgabe von Frauen, die Wunden zu verbinden und damit Konflikte verschleiern zu helfen, ohne daß ihnen dies bewußt wurde oder werden durfte. Kirchliche Frauen haben nicht gelernt, nach den Ursachen von Ungerechtigkeit, von Reichtum und Armut zu fragen, sie haben immer nur gelernt, helfend, lindernd einzugreifen.

So notwendig es darum ist, nach der ökonomischen Lage und den Interessen der Handelnden und Leidenden zu fragen, so genügt es doch nicht, das Leben von Menschen *allein* aus den wirtschaftlichen Interessen zu bestimmen. Mir liegt daran, die Verschränkung von Ökonomie und Ideologie, die wirtschaftliche Lage von Frauen und ihre Abhängigkeit von politischer, kirchlich legitimierter Macht aufzuzeigen.

Der Hauptakzent des Buches liegt auf den Frauen, die eine religiös-soziale Antwort auf ihre wirtschaftliche und politische Lage suchten. Die wiederum war abhängig von den Zuschreibungen und Vorstellungen, an denen Frauen gemessen wurden durch die herrschende Ideologie, die mittelalterliche Theologie, die sich verband mit den wirtschaftlichen Interessen der weltlichen Macht. Häufig genug stellte die Kirche ja selbst weltliche Macht dar, zum Beispiel in den Erzbistümern.

Nur aus dieser Verbindung heraus kann ich mir erklären, warum die Frauenbewegung des Mittelalters als Ganzes in den Flammen der Hexenverbrennungen aufging. Soziale Nischen halfen nicht, wo die politische Macht fehlte. Und ich stelle mir vor, daß Frauen heute dies daraus lernen können: den Zusammenhang von Ökonomie, Ideologie und politischer Macht zu erkennen und keines dieser drei Elemente außer acht zu lassen.

Als Leserinnen und Leser dieses Buches stelle ich mir Menschen vor, die in der Geschichte mittelalterlicher Frauen und der sie bekämpfenden, zurückdrängenden männlichen Institutionen ihre eigene Geschichte wiedererkennen, die Wurzeln ihres Bewußtseins, und die wie in einem alten Spiegel sehen, wie Frauen und Männer gebildet und erzogen wurden. Insbesondere richtet sich das Buch an Lehrerinnen und Lehrer, die das Thema im (Religions-)Unterricht behandeln wollen – die Arbeit entstand im Zusammenhang eines Kurses innerhalb der Ausbildung von Katecheten und Katechetinnen.

Zur Anlage ist noch kurz folgendes zu sagen:

Das erste Kapitel beschreibt die *soziale Lage von Frauen im Mittelalter* je nach ihrer Klassenlage. Auch die Frauen der Herrschenden wurden auf spezifische Weise unterdrückt – die Frauenfrage liegt immer quer zur Klassenfrage und läßt sich mit den Kategorien des Marxismus allein nicht erklären.

Im folgenden Kapitel ist die Rede von den *Lehren der Kirche* über Wesen und Aufgaben von Frauen und Männern. Diese Lehren führten zu Rollenfestschreibungen und Unterdrückungen, die teilweise noch heute unser Bewußtsein bestimmen.

Fast nur innerhalb dieses von Männern gesetzten Rahmens konnten Frauen ihre Lebensmöglichkeiten finden. Davon handeln die Kapitel über *die Orden und Beginen.*

Innerhalb dieses Rahmens wurde aber von Frauen auch Eigenständiges versucht, ein eigener theologischer Ausdruck gefunden: die *Nonnenmystik.* Häufig bewegte sie sich bereits am Rande des Erlaubten – der Vorwurf der Ketzerei wurde schnell erhoben. Schließlich flossen die Mißachtung der Frauen als leicht verführbare, sexuell bestimmte Wesen einerseits und die wachsenden wirtschaftlichen Schwierigkeiten andererseits zusammen zu einem gigantischen Vernichtungsprozeß – den *Hexenverfolgungen.*

Von diesem Ende her kann ich die mittelalterliche Frauenbewegung nur als gescheitert ansehen.

Uns bleibt die lebensnotwendige Frage: *Woran* ist diese Frauenbewegung gescheitert, was lernen wir Heutigen daraus – was müssen wir anders machen?

Die allgemeine wirtschaftliche Situation im Mittelalter

Die wirtschaftliche Situation im Mittelalter ist gekennzeichnet vor allem durch die Entwicklung des Handwerks, des Handels und damit der Städte, auch wenn der überwiegende Teil der Bevölkerung während des gesamten Mittelalters noch auf dem Lande lebt (ca. 9/10 der Bevölkerung).

Aber auch die Situation auf dem Lande änderte sich in dieser Zeit entscheidend. Die Naturalrente wurde durch die Geldrente ersetzt. Das bedeutete: Bauern zahlten ihren Grundherren die Steuern nicht mehr mit einem bestimmten Prozentsatz ihrer landwirtschaftlichen Produkte, sondern mit Geld. Damit ging einher die teilweise Aufhebung der Leibeigenschaft, so daß die Bauern zwar insgesamt freier und beweglicher wurden, daß aber unter den Bauern selbst große soziale Unterschiede entstanden – übrigens auch unter dem Adel. Es gab sehr reiche Bauern, die ihrerseits arme als Tagelöhner ausbeuten konnten, und es gab unter den Bauern die bitterste Armut, wie wir zum Beispiel aus den Predigten Bertholds von Regensburg wissen. Da die Leibeigenschaft gelockert war, konnten diese verarmten Bauern sich frei im Lande bewegen, versuchen, landwirtschaftliche Arbeit als Knechte und Mägde oder Tagelöhnerarbeit in den Städten zu finden – oder zu betteln.

Die Steuer in Form von Naturalien hatte auch einen gewissen Schutz für die Bauern geboten, insofern sie abhängig war von der tatsächlichen Ernte. Die Geldrente war davon unabhängig. Mißernten gingen ausschließlich zu Lasten der Bauern. Und häufig genug erpreßte der Adel rücksichtslos Abgaben von den Bauern, um die zunehmenden (Luxus-)Bedürfnisse zu befriedigen. So beklagte etwa der Erzbischof von Magdeburg in den Jahren 1368-71 in seinem Bistum 3000 „wüste" Höfe – die Bauern waren geflohen.[2]

Die Geldrente hatte den Adel unabhängiger und beweglicher gemacht: Die „Haupt- und Staatsgeschichte" dieser Zeit ist bestimmt durch die Auseinandersetzungen zwischen Kaiser und Papst, durch die Kreuzzüge, die Kämpfe der Stammesfürsten um Vormachtstellung und Erweiterung ihres Herrschaftsbereiches, durch glanzvolle Turniere und Feste an den großen Höfen. Dazu wird Geld gebraucht, viel Geld. Und dazu werden auch das Handwerk und der Handel gebraucht. Beide stellen sich auf Macht- und Prachtentfaltung ein. Dom- und Abteibauten beschäftigen viele Arten von Handwerkern, teure Materialien werden durch Europa gekarrt oder verschifft. Textile Handwerke – Frauenhandwerke – blühen auf: Schleierweberei, Goldspinnerei oder Seidenmacherei. Vor allem längs der großen Handelsstraßen oder der schiffbaren Flüsse und Küsten wachsen die Städte: Die Hanse oder der Rheinische Städtebund sind sichtbare Zeichen der neuen Handelsmacht. Die großen Geschäfte machen nicht die Handwerker, sondern die Kaufleute – sie stellen den Rat der Städte, häufig nach zähen Kämpfen gegenüber den Zwingherren, die ihre Oberherrschaft über die Städte bis dahin militärisch sichern konnten. Abseits der Handelsstraßen oder in unfruchtbaren Gegenden ohne Bodenschätze verarmten die Menschen zunehmend, verließen ihre Dörfer und versuchten, in den Städten Arbeit als Tagelöhner zu finden.

In den schnell wachsenden Städten entstand durch diesen Zuzug zunehmend ein Stadtproletariat. Die Handwerker schützten sich durch strenge Zunftregeln vor unliebsamer und unkontrollierter Konkurrenz – übrigens auch untereinander: Es war festgelegt, wieviel einer produzieren und wie viele Gesellen, Lehrlinge oder Tagelöhner jemand beschäftigen durfte.

Diese Zunftregeln bedeuteten neben einer Art *Berufsverbot* gleichzeitig ein *Heiratsverbot* für sehr viele Menschen: Meist konnten nur Meister oder Meisterinnen heiraten. Damit hatten die Städte, die Herrscher, die Kirche ein Interesse daran, daß es kein außereheliches Geschlechtsleben gab – denn dies konnte weitere unerwünschte Kinder bedeuten. Allerdings wurde dem Rechnung getragen durch die Einrichtung von „Frauenhäusern" in den meisten Städten. Die dort lebenden Prostituierten waren nicht nur geduldet, es galt als eine Selbstverständlichkeit, daß Männer aller Schichten und Altersklassen dort verkehrten. Staatsbesuche wurden in die Frauenhäuser eingeladen, die dort verkehrenden Frauen dafür extra eingekleidet.[3]

Die Kirche duldete die Frauenhäuser ebenfalls, schon um Ehebruch zu vermeiden. Nach alter Gewohnheit – aus dem Judentum und antiken Vorstellungen weitertradiert – brach ein Mann ja nur die Ehe mit der *Ehefrau* eines anderen; eine verheiratete Frau beging in jedem Falle Ehebruch, auch wenn der betreffende Mann nicht verheiratet war. Dahinter steht die alte Vorstellung, daß die Ehefrau zum *Besitz* des Mannes gehörte. Selbstverständlich hielt die Kirche auch außereheliches Geschlechtsleben der Männer offiziell nicht für geboten, in der Praxis duldete sie jedoch die doppelte Moral.

Die kirchlichen moralischen Forderungen in bezug auf die Keuschheit hatten daneben einen handfesten ökonomischen Hintergrund. Auch das Eheverbot für den geistlichen Stand hatte – neben anderen – ökonomische Gründe: Ehelose Menschen waren leichter verfügbar, ihr Besitz fiel nach ihrem Tod an die Kirche und nicht an eine Familie.

Insgesamt läßt sich sagen, daß das 12. bis 14. Jahrhundert durch große wirtschaftliche Umbrüche gekennzeichnet ist: durch den Übergang der Natural- zur Geldwirtschaft und die Entwicklung des Handels und damit die wachsende Bedeutung der Städte an den großen Handelsstraßen. Dies bedeutete für die Bauern, den Adel und die Stadtbevölkerung eine Verschiebung des bisher bestehenden sozialen Gefüges und die starke Herausbildung einer besitzlosen Land- und Stadtbevölkerung. Im 14./15. Jahrhundert bilden diese Besitzlosen ein unübersehbares Problem für die mittelalterliche Gesellschaft.

Bauern im 15. Jahrhundert. Kupferstich von 1480

Die Lebensmöglichkeiten von Frauen

Die Lebensmöglichkeiten von Frauen sind bestimmt von ihrer wirtschaftlichen und ihrer rechtlich-politischen Situation. Auf der wirtschaftlichen Ebene stellt sich die Lage von Frauen im Mittelalter nicht ganz so ungünstig dar, wie wir uns allgemein vorstellen – allerdings auch nicht so positiv, wie manchmal von feministischen Historikerinnen dargestellt.

Wir müssen unterscheiden zwischen den einzelnen Schichten von Frauen: Relativ günstig sieht es für Handwerkerinnen aus, für Kauf-Frauen, Lehrerinnen und Ärztinnen – das heißt für die bürgerlichen Frauen in den Städten. Allerdings verschlechtert sich deren Lage bis zum Ende des Mittelalters zunehmend.

Anders sah es bei den Frauen des Adels und der Bauern aus.

Adelige Frauen

Adelige Frauen waren eingebunden in die Politik ihrer Familien und gefragt vor allem als Heiratsobjekte. Sie wurden aus der Vormundschaft ihrer Väter oder väterlichen Verwandten entlassen in die ihrer Ehemänner. Heiratsverträge wurden häufig schon im Kindesalter ausgehandelt, wobei die Mitgift, das mögliche Erbe oder die politischen Bündnisse eine entscheidende Rolle spielten. Insofern waren unmündige männliche Kinder nicht viel besser dran als ihre zukünftigen Frauen – allerdings verblieben sie im Verband der eigenen Familie.

Mit zwölf Jahren galt ein Mädchen als heiratsfähig und wurde unter Umständen an einen mehrfach älteren Witwer verheiratet. Das bedeutete für ein Mädchen des (Hoch-)Adels: keine eigene eindeutige Familienzugehörigkeit – zumal wenn das Kind nach ausgehandelter Verlobung an den Hof ihres zukünftigen Ehemanns geschickt und dort aufgezogen wurde. Das wohl bekannteste Beispiel ist Elisabeth von Ungarn, die als Vierjährige – mit prunkvoller Ausstattung – auf die lange Reise nach Thüringen geschickt und dort zusammen mit ihrem späteren Ehemann Ludwig auf der Wartburg erzogen wurde. Elisabeth heiratete mit vierzehn, gebar drei Kinder, war mit neunzehn Witwe und starb mit 24 Jahren. Ihr Leben ist darin typisch für ihre Zeit: die Lebenserwartung betrug durchschnittlich 30 Jahre, die Ehen waren kurz, für Männer wie für Frauen. Wir könnten über Jahrhunderte von einer sukzessiven Polygamie sprechen (übrigens in allen Bevölkerungsschichten) – die jeweils überlebenden PartnerInnen heirateten weitere Male – oder sie wurden verheiratet.

Als Beispiel möchte ich Kaiser Friedrich II. und Kaiserin Konstanze nennen. 1204 wurde der Zehnjährige mit der 21jährigen soeben Verwitweten verlobt. Sie war die Tochter Alfons' von Aragon, die Witwe eines Königs von Ungarn. 1211 gebar Konstanze den Sohn Heinrich (der seinerseits

Fürstliche Lagerstatt.
12. Jahrhundert
Aus: Herrad von Landsberg
„Hortus deliciarum".

Elisabeth von Ungarn auf der Reise nach Thüringen

1220, neunjährig, in ihrer Anwesenheit in Deutschland zum König gekrönt wurde). Konstanze starb nach mehrjähriger Statthalterschaft in Deutschland 1222, etwa 38 Jahre alt, in Italien. Friedrich heiratete noch dreimal (daneben hatte er eine Reihe adeliger Konkubinen). Diese Frauen starben 1228, 1230, 1241 – jeweils im Kindbett.[4]

Liebe spielte für die jeweilige Verbindung keine Rolle. Das Verhältnis von Elisabeth und Ludwig von Thüringen war darin eher untypisch: Von beiden wird berichtet, daß sie einander herzlich – leidenschaftlich – liebten. Elisabeth führte allerdings trotz aller Sinnesfreude ein heiliges Leben mit nächtlichen Stundengebeten, strengem Fasten, Krankenpflege und Almosengeben – was vor allem zu Auseinandersetzungen mit der landgräflichen Familie führte. „Verschleudert" hat sie nach Ludwigs Tode allerdings ihr *eigenes* Vermögen, ihren Brautschatz, der ihr als Witwe zurückgegeben werden mußte.[5]

Als Erbinnen waren Frauen natürlich besonders begehrt. Eleonore von Aquitanien, die „Königin der Troubadoure"[6], wurde zunächst dreizehn- bis vierzehnjährig 1137 mit König Ludwig von Frankreich verheiratet. Obwohl sie zwei Töchter miteinander hatten, konnten sie ihre Ehe annullieren lassen, weil sie verwandt waren. (Da der europäische Hochadel immer irgendwie miteinander verwandt war, war dies eine bequeme Scheidungsmöglichkeit.) In zweiter Ehe heiratete Eleonore den jungen Heinrich von Anjou, der Anspruch auf den englischen Thron hatte. 1154 wurde das Paar in London gekrönt. Eleonore gebar acht weitere Kinder. Sie lebte abwechselnd in England, in Anjou oder in Poitiers (in ihrem ererbten Land), vertrat ihren Mann jeweils oder verwaltete ihr

Mechthild, Tochter Eleonore von Aquitaniens. Um 1240.

Stammland. Nach einem sehr bewegten Leben – so reiste sie noch im Alter nach Spanien, um ihre Enkelin Blanche als zukünftige französische Königin zu präsentieren – starb sie mit etwa 70 Jahren und wurde im Kloster Fontefrault begraben. Über sie selbst und ihre Kinder ist die Troubadourlyrik auch in andere Länder getragen worden, so nach Deutschland über ihre Tochter Mathilde. Diese war als Elf-Zwölfjährige mit dem 37jährigen Heinrich dem Löwen von Braunschweig verheiratet worden.

Hochadelige Frauen konnten zu Macht und Einfluß kommen als Witwen und Mütter von noch unmündigen Söhnen. Sie übernahmen dann die Regentschaft bis zu ihrer Mündigkeit. Berühmte Beispiele sind die Kaiserin Adelheid und ihre Schwiegertochter Theophanu. Als Kaiser Otto II., Theophanus Ehemann, 983 starb, war der Thronfolger gerade drei Jahre alt. Bis zu ihrem Tode 991 führte Theophanu für ihn die Regentschaft, danach bis zu seiner Mündigkeit seine Großmutter Adelheid. Otto III. beauftragte auch sein Tante Mathilde, Fürstäbtissin von Quedlinburg, während seiner Abwesenheit von Deutschland mit der Statthalterschaft.[7] Frauen dieses Ranges und Formats waren allerdings selten.

Als Lehnserbinnen – wie zum Beispiel Eleonore von Aquitanien oder Mahaut von Artois – genossen Frauen die gleichen Vorrechte wie Männer. Sie hatten die Gerichtsbarkeit, die Verwaltung ihres Besitzes, die Aufstellung von Heeren in eigener Verantwortung. Solche Frauen waren allerdings die absolute Ausnahme.

Adelige Frauen mußten reich geboren, einzige Erbinnen oder sehr schön sein. Sie waren Schachfiguren in der Familienpolitik, nicht in der Lage, ihr Leben nach eigenen Vorstellungen zu gestalten. Der höfische Ritterroman und der Minnesang stellt diese Frauen auf ein hohes Podest: schön, von stilisierter Sinnlichkeit, unnahbar, ein Preis für den siegreichen Kämpfer – keine lebenden Frauen mit eigenen Wünschen und Sehnsüchten.

Maria, die Himmelskönigin, ist das entsprechende Gegenbild zu den adeligen Mönchen und Chorherren des hohen Mittelalters.

Ökonomisch waren adelige Frauen relativ gesichert. Bei Heiratsverträgen wurde die sogenannte Dos vereinbart. Das war meist Grundbesitz (inklusive der dort lebenden Menschen), der der Frau von ihrem zukünftigen Ehemann überschrieben wurde. Neben ihrer Mitgift bedeutete dies eine Sicherung für die Verwitwung. Die nichtverheirateten Frauen blieben in ihrer Familie oder wurden ins Kloster gegeben.

Aus Standesgründen war es ihnen verwehrt, sich von ihrer Hände Arbeit zu ernähren. Bestenfalls konnten sie medizinische Kenntnisse anwenden und Kranke pflegen. Auch letzteres natürlich nur in ihrem eigenen Stand, nämlich in bezug auf die kriegs- und turnierverletzten Ritter. Die Heilige Elisabeth von Thüringen, die *arme* Kranke versorgte, stieß allerdings schon auf erheblichen Widerstand bei ihrer Familie.

Mathilde Fürstäbtissin von Quedlinburg hatte zeitweilig die Statthalterschaft über Deutschland für ihren Neffen Otto III.. Die Äbtissinen von Quedlingburg besaßen das Münzrecht.

Damen schauen beim Turnier zu. Aus dem „Balduineum“, 13. Jahrhundert

„Auch Erec wurde von den Rittern fort abseits geführt, wo er, verwundet wie er war, von seiner Erschöpfung ausruhen konnte ... Bald kam die Königin, um ihm ihr Mitgefühl auszudrücken und ihn zu besuchen mit all ihren Damen. Sie brachte ein Pflaster mit. Von dem will ich Euch erzählen, wie gut es für Wunden war. Manch zu Tode Verwundeter war durch es geheilt worden. Wem es über seine Wunde gebunden wurde, den schmerzte sie nicht mehr, und sie heilte nicht zu plötzlich, sondern gerade richtig. Kein weiteres Übel kam mehr dazu. Alles Kranke vertrieb es, was Gutes vorhanden war, blieb, und die davon geheilt wurden, die schützte es vor Narben, so daß der Körper glatt war, als hätte es nie eine Wunde gegeben. Mit diesem Pflaster verband die Königin die Seite des Ritters. In der Welt hat es niemals ein besseres Pflaster gegeben. Wenn nun jemand wissen möchte und begierig zu hören ist, woher dieses Pflaster kam: Famurgan, des Königs Schwester, hatte es dort hinterlassen, vor langer Zeit, als sie starb. Welch große Wissenschaft und seltsame Kenntnisse gingen mit ihr verloren! Sie war eine Göttin gewesen. Man kann die Wunder nicht aufzählen, sondern muß die meisten verschweigen, die diese Dame vollbracht hat. Aber so gut ich kann, will ich erzählen, was sie vermochte. Wenn sie ihre Zauberkünste spielen ließ, so war sie in kurzer Zeit um die ganze Welt gefahren und kam gleich wieder zurück. Ich weiß nicht, wer sie es gelehrt hatte. Ehe ich die Hand umdrehen könnte oder mit dem Auge zwinkern, fuhr sie hin und wieder zurück. Sie lebte in großer Pracht. In der Luft konnte sie sich wie auf der Erde zur Ruhe schwebend aufhalten, konnte auf dem Wasser und darunter leben. Es war ihr auch ganz selbstverständlich, im Feuer zu wohnen so sanft wie auf dem Tau. Das alles vermochte die Dame. Wenn sie wollte, verwandelte sie einen Menschen in einen Vogel oder ein wildes Tier. Danach gab sie ihm gleich seine Gestalt zurück; sie war wahrhaftig der Zauberei mächtig.“[8]

Liebespaar. Aus: Herrad von Landsberg „Hortus deliciarum“.

Ein Vorrecht besaßen Adelsfrauen vor den anderen: Sie konnten sich bilden. In dieser Zeit konnten Ritterfrauen eher lesen als ihre Männer. Bücher wurden ausschließlich an Frauen vererbt – ein kostbarer Besitz in der damaligen Zeit.

Adelige Frauen werden oft mit Büchern dargestellt. Sie lehren oder erziehen die eigenen Kinder, die zukünftigen Schwiegertöchter oder ihre Dienerinnen. Auch wenn sich bei der Herausbildung des Ritterstandes das rohe und kriegerische Wesen der Männer vor allem des niederen Adels wandelte, ist die ritterliche männliche Kultur bestimmt durch „sportliche" Aktivitäten: Reiten, Fechten, Turniere, Kriegsdienst bis hin zu den Kreuzzügen.

Die Erziehung der Kinder lag grundsätzlich in den Händen der Frauen. Allerdings wurden auch viele Kinder des Adels ins Kloster gegeben, entweder zur Erziehung für ein weltliches Leben oder als „Überzählige" für ein künftiges geistliches Leben.

Wir haben gesehen: Auch innerhalb des Adels gab es große soziale Unterschiede, nur ein Bruchteil der Kinder – auch der männlichen – konnte heiraten und erben. Die Minne-Kultur bedeutete von daher gesehen eine Kanalisierung von Wünschen und Sehnsüchten der Männer, die ihrerseits auf die Ehe verzichten mußten und nicht ins Kloster gingen. Ein hoher Prozentsatz von Kindern aus dem Adel wurde daneben schon früher von ihrer Familie für das Leben im Kloster bestimmt.

Oben: Dietmar von Eist nähert sich seiner Angebeteten als Kaufmann mit Modeschmuck. Miniatur aus der „Manessischen Handschrift", Zürich um 1330.

Links: Eine Rittersfrau lehrt ihren Sohn. Frauen konnten eher lesen als Männer. 15. Jahrhundert.

Mädchen in Sonntagskleidung beim Heumachen. Ausschnitt aus der Miniatur zum Monat Juli, Stundenbuch „Tiès riches Heures“ des Duc de Berry, um 1413.

Frauen aus dem Bauernstand

Bauernmädchen konnten im Gegensatz zu den adeligen Frauen arbeiten: als mithelfende Töchter und Ehefrauen, als Mägde und Tagelöhnerinnen. Die Frau eines Bauern hatte ihren eigenen Wirkungskreis, in den ihr keiner dreinredete. Natürlich wurde sie auch danach ausgesucht, ob sie arbeiten und haushalten konnte oder ob sie selbst Besitz einbrachte. Sie hatte eine geachtete Stellung, weil sie gebraucht wurde.

Die Arbeitsteilung war genau geregelt: Frauen waren verantwortlich für das (Klein-)Vieh, für den Garten und für das Haus. Dazu gehörte neben der Nahrungszubereitung und Vorratshaltung vor allem die Herstellung von Kleidung, vom Flachsernten bis zum Nähen. In der Ernte halfen die Frauen auf den Feldern mit. Ihre Überschuß-Produkte konnten sie selbst verkaufen. Von den „auf dem Markt stehenden Kauffrauen“ waren die allermeisten Hökerinnen. Sie verkauften Butter, Käse, Eier, Hühner, Gänse oder Gemüse. „Hökerinnen“ hießen sie nach ihren Tragekörben („Hucke“), in denen sie ihre Waren zum Markte trugen. Einen großen Teil der (Geld-)Zinsen erwirtschafteten die Frauen auf diese Weise.

Allerdings gehörte nur ein Bruchteil zu den „freien“ Bauern, die allermeisten waren als Unfreie oder Halbfreie einer Grundherrschaft zu Fron und Zins verpflichtet. Aber auch Unfreie konnten Mägde, Knechte und Tagelöhner haben. In der Regel verpachteten ihnen die Grundherren ein Stück Land zur eigenen Bewirtschaftung (später wurde dieses Land erblich), dafür hatten sie Zins zu zahlen und zusätzlich für die GrundherrInnen zu arbeiten – die Frauen im Garten, bei der Ernte und vor allem auf dem textilen Sektor. Sie hatten zu spinnen, zu weben, zu färben und – einfache – Kleidung zu nähen.

„1. ... Jeder Hufner umhegt eine Ernte im Umfang von 6 Ruten und vom Weideland 3 Ruten. Er säubert eine Fläche im herrschaftlichen Garten. Seine Frau muß Beinkleider nähen ... Reimbald hat 3 Tage Ackerwerk und einen Bauernhof. Dafür muß er wöchentlich 2 Tage Botendienst leisten, auf 15 Tage eine Woche fronen und ein Huhn geben. Die Frauen der Pfründner leisten je 2 Tage Dienst pro Woche, einen mit und einen ohne Brot, sonst aber hechelt jede 1/2 Pfund Flachs oder fertigt 1/2 Hemdenstoff. Aeduins Frau hat einen Bauernhof und Land. Sie leistet Dienst und fertigt 1/2 Hemdenstoff.

Nantcher hat einen Hof und eine Wiese. Seine Frau hat vom Kloster einen Hof und zahlt 4 Pfennige ...

10. Jene Frauen, die leinene Hemdenstoffe fertigen, ernten den Flachs, rösten ihn und bereiten ihn auf ...

23. ... Jene Frauen, die leinene Hemdenstoffe fertigen, scheren die Schafe und waschen die Wolle ...

24. Seine Frau gibt 10 Modius Wein. Sie sammelt 1 Quartalis Brombeeren und 1 Staupum Senf. Sie jätet 1 Ager Schnittlauch und 1 1/2 Ager Porree. Sie muß Flachs ernten und aufbereiten. Schafe waschen und scheren. Bei der Heu-, Getreide- und Weinernte sollen der Mann und die Frau täglich mit seinem Gespann dienen ...

Die Frau gibt 5 junge Hühner und 25 Eier.

43. Es gibt dort 5 Frauen, deren jede während der Ernte einen Tag (Pro Woche) dient ...

104. Jeder einzelne der Haistalden gibt 12 Pfennige. Die Frau aber gibt entweder leinenen Hemdenstoff oder 12 Pfennige oder sie müssen 2 Tage (pro Woche) bei der Getreide- und Heuernte dienen und 6 Pfennige geben. Es gibt außerdem 2 Knechtshufenstellen. Jeder dient mit seiner Frau bei der Getreide- und Heuernte drei Tage (Pro Woche) ..."[9]

Bis etwa zum 12. Jahrhundert gab es auf manchen Höfen Manufakturen, die sogenannten *Genetien*. Dies waren große Häuser, in denen in der Regel bis zu 40 Frauen arbeiteten [10]. Sie bekamen vermutlich keinen Lohn. Hartmann von Aue berichtet über ein besonders großes Genetium:

„Nun sah er innerhalb der Mauer ein geräumiges Arbeitshaus, das hatte das Aussehen einer Behausung armer Leute. Drinnen sah er durch ein Fenster an dreihundert Frauen arbeiten. Ihre Kleider und ihre Gestalt waren von äußerst armseligem Aussehen, doch war keine von ihnen alt. Die Armen waren damit beschäftigt, daß viele von ihnen webten, was man nur aus Gold und Seide weben kann. Viele arbeiteten am Stickrahmen, deren Arbeit war immerhin nicht schimpflich. Und die sich nicht darauf verstanden, sortierten die Fäden, jene wickelte auf, jene schlug den Flachs, und jene brach ihn, und jene hechelte ihn, diese spannen, jene nähten, und sie litten dennoch Mangel: Ihre Arbeit brachte ihnen nicht mehr ein, als daß sie jederzeit Pein von Hunger und Durst litten, und daß sie gerade noch das Leben fristeten, das ihnen doch beinahe entwich. Sie waren abgemagert und bleich, sie litten große Entbehrungen an Körper und Kleidung. Auf ihrem Herd waren im allgemeinen Fleisch und Fische eine Rarität. Unterhalt und standesgemäße Versorgung gingen ihnen ab. Sie kämpften mit bitterer Not. Sie bemerkten ihn ebenfalls. Waren sie schon vorher bleich vor Kummer, so steigerte sich ihr Leid nun noch mehr. Die Schande schmerzte so, daß ihnen die Arme herabsanken, denn die Tränen fielen ihnen von den Augen auf das Gewand. Daß ihre große Dürftigkeit ein Fremder gesehen hatte, erfüllte sie mit Kummer. Sie ließen die Köpfe hängen, und sie vergaßen allenthalben die Arbeit in ihrer Hand."[11]

Diese „Textilfabriken" wurden später durch die zunehmende Konkurrenz der HandwerkerInnen in den Städten verdrängt.

Ob Unfreie heiraten durften, hing von der Erlaubnis der GrundherrInnen ab: Einerseits waren sie interessiert an Arbeitskräften, andererseits aber verpflichtet, für Wohnen, Nahrung und Kleidung zu sorgen – auch in Zeiten, wenn wenig gearbeitet wurde, wie im Winter. Frauen allerdings konnten immer beschäftigt werden, mit Spinnen, Weben, Kochen ...

Schwierigkeiten bereitete es auch, wenn „Ungleiche" heiraten wollten – die Freien folgten dann der „ärgeren Hand" und wurden unfrei – oder wenn Unfreie verschiedener Grundherrschaften heiraten wollten.

Die Kinderzahl war weit geringer als in den Adelsfamilien: der Durchschnitt waren drei bis vier Kinder. Meist lebte die Kernfamilie zusammen, die so viel beschworene bäuerliche Großfamilie war selten.[12]

Die meisten Bauern blieben jedoch unverheiratet, und das bedeutete für die Töchter: Mithelfende Familienangehörige oder Mägde zu sein.

Insgesamt verschlechterte sich die Lage der Bauern zum 14./15. Jahrhundert hin. Durch die Umwandlung des Naturalzinses zum Geldzins verschuldeten sich viele, insbesondere nach Mißernten oder Seuchen. Die Allmende-Rechte wurden eingeschränkt. Das bedeutete, daß das Fischen in Flüssen und Teichen und das Weiden des Viehs auf allgemein zugänglichem Boden nicht mehr erlaubt war. Eine Familiengründung verbot sich von selbst. Es wurde zunehmend schwieriger, ob sie heiraten konnten bzw. ob sie Arbeit als Mägde oder Tagelöhnerinnen bekamen und zu welchen Bedingungen. Es „lohnte" sich unter Umständen nicht, sich überhaupt eine Arbeit zu suchen.

Diese Situation verschärfte sich im 14. Jahrhundert und kam zu einem Höhepunkt im 15./16. Jahrhundert. Eine Folge waren die Bauernkriege.

Ach Mädchen, was hat dir der Rocken getan,
daß du nicht mehr magst spinnen?
Du siehst ihn über die Achseln an,
als wolltest du mit einem Könige.

Ach Mutter, ich hab einen Eid geschworn,
daß ich nicht mehr mag spinnen;
ich hab ein Landsknecht lieb und wert,
liegt mir in meinen Sinnen.
Er trinkt so gern den kühlen Wein,
umschlingt mich mit den blanken Armen
am Abend und am Morgen.

Bauern, das sind Bauern,
sie trinken so selten den Wein.
Das tun die frommen Landsknechte nicht,
sie schenken so tapfer ein.[13]

Darstellungen aus dem bäuerlichen Leben sind häufig Idealisierungen: Sie zeigen harmonische Szenen aus dem Arbeitsleben – Saat und Ernte – oder bäuerliche Feste. Meist stammen sie aus Andachtsbüchern sehr reicher Adeliger, die sich erbauen wollten – Realismus oder gar Sozialkritik waren da nicht gefragt.

mit vischen gebachen wie die einer geren wolt haben
vo fand man genůg in geleichem vnd gůtem kauff · vñ
darnach sy dañ kestlich warent vñ einer kauffen wolt·
vnd ist dise figur

Wie man basteten in der stat costencz
vmbfůret vnnd die fail het.

Pasteten- und Kuchenbäckerei war ein Frauenhandwerk.
Buchillustration 14. Jahrhundert

Es ist heute wenig bekannt, daß Frauen im Mittelalter fast alle Berufe erlernen und ausüben konnten. Allein 200 Handwerke in den „zünftigen" Berufen standen ihnen offen,[14] und ein Teil davon war ausschließlich in der Hand von Frauen, vor allem solche im Textilgewerbe, häufig auch das Braugewerbe. Hier gab es fast nur Meisterinnen.[15]

Frauen konnten aber auch als Ärztinnen, Hebammen oder Lehrerinnen und Schreiberinnen arbeiten. Im Handel waren sie vor allem im Kleinhandel vertreten, als Marktfrauen und Hökerinnen. Die großen Kaufleute waren — bis auf sehr wenige Ausnahmen — nur Männer. Diese Kauf-Frauen waren auch rechtlich mündiger als andere Frauen: Im Rahmen ihrer Geschäfte konnten sie rechtskräftige Verträge abschließen und über ihre Gelder selbständig verfügen, während sonst Frauen in der Vormundschaft von Männern waren und sich — vor Gericht — von ihnen vertreten lassen mußten.

In Frankfurt werden in den Steuerbüchern des 15. Jahrhunderts 20 *Ärztinnen* aufgeführt, darunter neun jüdische. Davon waren allein drei Augenärztinnen. Einer von ihnen wird, „damit sie hie bleiben moge", die Judensteuer erlassen, eine andere beantragt, wegen ihrer Tüchtigkeit und Beliebtheit von der allgemeinen Steuer befreit zu werden. Das wird allerdings vom Rat der Stadt abgelehnt — sie darf aber außerhalb der Judengasse wohnen.[16]

Ein Teil dieser Ärztinnen wird den Beruf als Lehrberuf (vom Vater) erlernt haben, viele Frauen sind jedoch an der Hochschule in Salerno ausgebildet worden. Seit dem 11. Jahrhundert werden Frauen dort als Studierende genannt, insbesondere auf dem Gebiet der Gynäkologie.

Franziska, Frau des Mathaeus de Romano, erhält 1321 die Erlaubnis, als Chirurgin zu praktizieren:

Urkunde Herzog Karls von Kalabrien von 1321 für Francisca, Frau des Mathaeus de Romano:

„... So hat denn Francisca ... im Königlichen Amtshaus selbst gegenwärtig dargetan, daß sie hinsichtlich des Wesentlichen in der Ausübung der Chirurgie, aufgrund in solchen Dingen besonnener Beurteilung, als ausreichend zu erachten ist. Darum hat sie unsere Herrlichkeit angelegentlich ersucht, daß wir ihr die Genehmigung zu erteilen geruhten zu ausübender Tätigkeit in dieser Kunst. Da sich nun ... klar ergeben hat, daß besagte Francisca uns treu ist und einem getreuen Geschlechte entsprossen, und, nach Prüfung durch die Königlichen Ärzte unseres Vaters und unserer Chirurgen, in derselben Kunst der Chirurgie gleichsam als Laie genügen (beschlagen) erfunden wurde, obgleich es ungehörig für Frauen sein mag, daß sie an Zusammenkünften von Männern teilnehmen, damit sie nicht zur Beeinträchtigung ehelicher Sitte geraten und erstmals die Schuld verbotenen Übergriffs auf sich laden. Weil jedoch nach gesetzlicher Kundmachung die Ausübung der Heilkunst den Frauen gestattet ist und wir füglich bedachten, daß zur Behandlung weiblicher Kranker, um der Ehrbarkeit der Sitten willen, Frauen sich besser eignen als Männer, so erteilen wir ihr die Erlaubnis zur Ausübung der Heilkunst."[17]

Nach 1500 werden Frauen als Ärztinnen kaum noch erwähnt, seit Anfang des 16. Jahrhunderts mehren sich die Angriffe auf jüdische Ärzte. Dies hängt vor allem mit der Konkurrenz-Situation zusammen: An den Universitäten werden nur Männer ausgebildet, die Universitäts- und Schulmedizin beginnt sich durchzusetzen. Frauen werden — wie aus anderen Berufen — auch aus diesem verdrängt. Zumindest auf dem Gebiet der Gynäkologie bedeutet dies einen außerordentlichen Rückschritt: Männer dürfen Frauen nicht untersuchen, die jahrhundertealte Erfahrung und Praxis von Frauen wird geächtet, viele dieser Frauen als Hexen verbrannt, ihr Wissen vergessen.

Die Schule von Salerno. Links eine Studentin.
Aus: „De conservanda bona valetudine opus culum scholae calernikanae", 1531.

Hebamme bei einer Geburt. Miniatur aus der „Wenzelsbibel", um 1400.

Ähnlich geht es den *Hebammen.* Bis ins hohe Mittelalter waren Hebammen freiberuflich tätig und gaben ihr Wissen an andere Frauen weiter. 1379 wird erstmals erwähnt, daß in Konstanz eine Hebamme städtische Angestellte wird, offiziell um der Chancengleichheit willen. Diese Hebammen werden nun von der Stadt bezahlt, damit sie auch den armen Frauen beistehen. Aber sie müssen auch einen Treueeid leisten, eine Prüfung vor einem studierten Arzt ablegen, der von der Geburtshilfe weniger versteht als sie selbst.

Sie werden als Kontrollpersonen eingesetzt: Die Herkunft unehelicher Kinder soll erforscht werden, sie sollen aufpassen, daß keine neugeborenen Kinder ausgesetzt oder getötet werden, sie sollen Kinder notfalls im Mutterleib not-taufen.

„Weiterhin, wenn Komplikationen auftreten und die Sache von vornherein nicht gut steht, so soll sie die anderen Hebammen oder andere verständige Frauen zu sich rufen und wenn es die Lage erfordert, auch die vom Rat bestellten Doktoren und Ärzte hinzuziehen. Wie sie sich denn aller ärztlichen Behandlungen, welchen Namen die auch haben mögen, innerlicher sowie äußerlicher Leibesgebrechen gänzlich enthalten sollen. Desgleichen dürfen sie weder alten noch jungen Leuten, noch viel weniger kleinen Kindern irgendwelche Brechmittel, Abführmittel, starke Klistier oder andere Arzneimittel weder raten noch geben.

Weiterhin soll sich keine mehr unterstehen, Rezepte zu schreiben, zur Ader zu lassen, zu schröpfen, den Harn oder das Blut zu besehen, um daraus den Leuten ... ihre Krankheit zu deuten und sie zu behandeln.

Weiterhin sollen sie weder heimlich noch öffentlich, weder durch sich selbst oder durch andere dazu beauftragte Personen irgendwelche selbst bereiteten oder von anderen (außer von gewissenhaften und verständigen Ärzten) hergestellten Arzneimittel, die der Behandlung von mancherlei Krankheiten oder Gebrechen dienlich sind, empfehlen oder auftragen lassen ... Weiterhin, wenn und zu welcher Zeit sie durch die hiesigen Herren Physiker und Doktoren aufgefordert und über ihr Treiben geprüft und befragt werden, so sollen sie sich dem nicht widersetzen, sondern gehorsam sein und gute, richtige Auskunft ihrer Erfahrung geben und sich gutwillig unterweisen und belehren lassen.

Weiterhin, wenn sie von heimlichen Kindbetten wissen und erfahren, so sollen sie diese den Herren Bürgermeistern mitteilen und anzeigen.

Weiterhin, wenn sie auch von heimlichen, unehelichen Schwangerschaften erfahren, um den Abgang oder die heimliche und ungebührliche Austrocknung der Frucht zu bewirken und zu besorgen, so sollen sie solches gleichfalls den Herren Bürgermeistern mitteilen und anzeigen ...

Weiterhin, wenn sie von armen Kindbetterinnen erfahren, die Not, Mangel und Armut leiden und nichts haben, von dem sie sich ernähren können, sollen sie solches gleichfalls den Herren Bürgermeistern anzeigen."[18]

In Nürnberg werden ihnen noch „Edle Frauen“ und „geschworene Weiber“ aus dem Handwerkerstand als ehrenamtliche Helferinnen beigesellt, die aus Christenpflicht Wöchnerinnen beistehen und ebenfalls einmal jährlich Pflicht schwören müssen. Die Ratsfrauen versorgen Arme mit dem Notwendigsten und lassen sich ihre Auslagen aus der Stadtkasse erstatten. Entsprechende Verordnungen finden wir in Straßburg, Basel und Ulm.

Bis zum Ende des Hochmittelalters gab es fast nur Kloster-, Dom- und Pfarrschulen. Mädchen konnten zwar dort lesen und schreiben lernen, meist waren die Schulen aber für zukünftige Nonnen bestimmt. In den spätmittelalterlichen Städten finden wir dann niedere Mädchenschulen oder „Klippschulen“, die meist auf der Privatinitiative von Frauen gründen. *Lehrfrauen* sammeln Schülerinnen und Schüler und unterrichten sie in ihrem eigenen Haus. Sozial sind sie nicht sehr gut gestellt. Manchmal wird berichtet, daß sie nebenher einen Kramladen betrieben oder mit alten Sachen handelten.[19] Daß sie nicht nur Mädchen unterrichteten und manchmal den ebenfalls privaten männlichen Lehrern als Konkurrenz erschienen, geht aus einem Vertrag hervor, den ein Lehrer in Überlingen mit einer Lehrerin abschließt. Dort heißt es:

„Und seitdem die Wantzenrutinin-Tochter lehrt und etliche Leute dieser Stadt geneigt sind, ihre Kinder deutsch lernen zu lassen und diese zu ihr zum Lernen schicken, haben sie erkannt, daß es mir Schaden bringt ... und mich mit meiner Schule hindert, und geordnet, ist auch ihre Meinung, daß wenn einer ist, der seinen Sohn zu der Lehrfrau schickt, ihn deutsch zu lehren, daß mir die obengenannte Lehrfrau für jeden Knaben des Jahres, für meinen Abgang (das heißt für jeden, der ihm fehlt, weil er in die Schule der Lehrerin geht, E. S.) 3 Schilling Pfennig geben soll, auch ohne Eingabe und Widerrede ...“[20]

Schulunterricht wurde nach Geschlechtern getrennt gehalten (Titel von Luthers Sendschreiben 1524).

Vor einem geistlichen Gericht wird eine nichtige Ehe geschieden, indem der Richter den Mann wegschiebt. Die Kinder galten trotzdem als ehelich. Aus: Sachsenspiegel, 13. Jahrhundert.

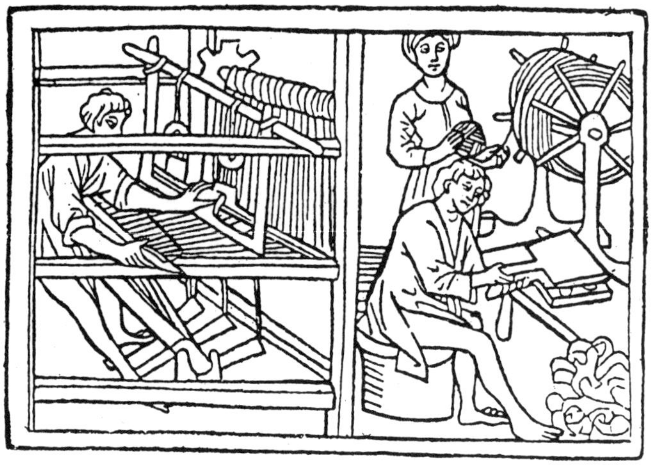

Weber am Webstuhl. Frauen durften in der Regel nur „schmales Tuch" weben. Holzschnitt aus: Rodericus Zamorensis, „Spiegel des menschlichen Lebens", 1479.

Wenngleich die Lage der Lehrfrauen nicht rosig gewesen sein mag, so sind sie nicht schlechter bezahlt worden als ihre männlichen Kollegen. Auch die später noch genauer beschriebenen Beginen waren häufig Lehrerinnen. Ihnen wurde, ebenfalls wie den weltlichen privaten Lehrerinnen, auf Einspruch von Lehrern das Unterrichten untersagt, sobald sie als Konkurrenz empfunden wurden.[21]

Bürgertöchter lernten meist lesen, schreiben und rechnen (eine universitätsähnliche Ausbildung konnten nur sehr vereinzelte Frauen privat erreichen – die Universität war ihnen grundsätzlich verschlossen). Die Frauen der Kaufleute vertraten häufig ihre Ehemänner in Geschäften und führten die Bücher – ebenso wie Handwerkerfrauen. Von der Regensburgerin Margarete Runtinger ist bekannt, daß sie neben der Buchführung für den Betrieb ihres Mannes das Wechselgeschäft betrieb – keine leichte Sache bei den von Stadt zu Stadt und von Land zu Land wechselnden Münzen und Währungen!

Obwohl bürgerliche städtische Frauen ökonomisch sicherer und rechtlich selbständiger lebten als bäuerliche und adelige Frauen, befinden auch sie sich in einer ungünstigeren Position als die Männer. Aus den Steuerbüchern der Stadt Frankfurt zum Beispiel geht hervor, daß im 14. Jahrhundert 20 bis 35 Prozent der Steuerpflichtigen Frauen waren, im 15. Jahrhundert waren es 24 bis 26 Prozent. Steuerpflichtig sein bedeutete: einem Haushalt vorstehen, selbständig leben oder arbeiten.[22]

In der Praxis war der Anteil der berufstätigen Frauen also wesentlich niedriger als der der Männer, obwohl ihnen fast alle Berufe offenstanden. Dazu kam, daß sie 30 bis 50 Prozent weniger verdienten als Männer. In der Unterschicht und unter den Armen waren Frauen überproportional vertreten.[23]

Die Zunftordnungen beschränkten die Anzahl der Lehrlinge, Gesellen, Knechte und Mägde. Dies hatte sicher seinen guten Sinn darin, Konkurrenz untereinander in größerem Ausmaß zu unterbinden – Handwerke konnten sich nicht zu Großbetrieben entwickeln. Es verschärfte aber die Arbeitslosigkeit der ständig wachsenden und in die Städte strömenden Bevölkerung, insbesondere die von Frauen, da die weiblichen Handwerke in der Minderzahl waren. Aus den Steuerlisten können wir mit einiger Vorsicht ablesen, daß wohl doch mehr Jungen als Mädchen ausgebildet wurden bzw. berufstätig waren. Da in der Regel auch nur Meister bzw. Meisterinnen heiraten durften, konnten viele Mädchen bestenfalls als mithelfende Familienangehörige leben. Erschwerend kommt hinzu, daß es nach Volkszählungen im Mittelalter einen ziemlich hohen Frauenüberschuß gab: In Freiburg kommen 1447 auf 1000 Bürger 1248 Bürgerinnen und auf 1000 Bürger und Knechte 1295 Bürgerinnen und Mägde. In Nürnberg sieht es ähnlich aus. Gründe dafür sind vermutlich Kriege und Fehden, eine höhere Sterblichkeit bei Krankheiten oder, wie Karl Bücher so hübsch schreibt: die „Unmäßigkeit der Männer in jeder Art von Genuß".[24]

Allerdings muß dies heute differenzierter gesehen werden: Steuerlisten stellen nur „Momentaufnahmen" für einzelne Städte dar. Viele Menschen waren von der Steuer befreit: Adel, Geistlichkeit, Professoren, Studenten – aber auch Mägde, LohnarbeiterInnen, BettlerInnen, Prostituierte.[25]

Insgesamt läßt sich festhalten: Die erste Sterbewelle für Frauen lag zwischen 20 und 40 Jahren (Schwangerschaften und Geburten), die der Männer zwischen 40 und 60 Jahren. Das bedeutet: Wenn Frauen älter als 40 Jahre wurden, waren sie zumindest in der Altersgruppe der Älteren und Alten in der Überzahl. Es gab also weit mehr arme, alte, verwitwete Frauen als Männer. Darauf läßt auch die hohe Zahl von Einpersonenhaushalten schließen, die wohl wesentlich Frauenhaushalte waren.

Der Schellenmacher.

Schellenmacher durften Frauen nur für Hilfsdienste beschäftigen, z. B. zum Ösen biegen. Holzschnitt aus: Beschreibung aller Stände, 1568.

In vielen zünftigen Handwerken waren die Frauen für den Verkauf zuständig, nicht für die Produktion.

Im Laufe des 15. Jahrhunderts verschlechterte sich die Lage auch der Handwerkerfrauen. Sie werden zunehmend aus den Zünften herausgedrängt – zum Beispiel dürfen Töchter nicht mehr den Betrieb ihrer Väter übernehmen, und Witwen von Meistern müssen innerhalb bestimmter Fristen wieder heiraten (meist innerhalb eines Jahres), wenn sie die Zunftrechte behalten wollen. Grund für dieses Zurückdrängen ist die zunehmende Arbeitslosigkeit auch der Männer. In Gesellenaufständen wird zum Beispiel gefordert, daß Männer bevorzugt werden. Auch wenn Stadtverwaltungen längere Zeit versuchen, die Rechte der Frauen zu wahren, so geben sie doch zunehmend dem Druck nach. Das Interesse der Ratsherren, die sich ja meist aus den Patriziern, den großen Kaufleuten, zusammensetzten, dürfte dabei zunächst gewesen sein, die Handwerker klein zu halten: Frauen waren nicht ratsfähig.

Aus einer Beschwerde der Straßburger Weber, Ende 15. Jh.:

„Verständige, strenge, beständige, weise, liebe Herren! Zum ersten so ist unsere Meinung, daß fortan keine Frauen, es seien Beginen geistliche oder weltliche, sie seien wer sie wollen, etwas anderes weben dürfen als Trauerschleier und Schleier. Und sie sollen kein Halbtuch oder Meisterwerk mehr weben, denn das Halbtuch ist das Haupterzeugnis, von dem sich die meisten Weber ernähren müssen. Auch ist es unsere Meinung, wenn solche Frauen, die Trauerschleier und Schleier weben, dabei Lehrtöchter anstellen wollen, so sollen sie diese Lehrtöchter vor das Gericht der Meisterschaft bringen, wo der Lehrvertrag vorgenommen und verzeichnet werden soll, damit sie wissen, was man sie lehren soll, andernfalls lernen sie gar Halbtuch, Mitteltuch und Meisterwerk zu machen, können aber nicht, was sie können sollten oder was ihnen gebührt. Außerdem schicken sie sie desöfteren mal hierhin und mal dorthin, weshalb sie nichts Rechtes lernen und es ist dann niemand der sich ihrer annimmt oder dem sie es klagen können. Wenn dieser Vertrag nun vor dem Gericht vorgenommen werden und sie werden dann darüber uneins, so kann man (richterlich) darüber entscheiden."

Aus einem Nürnberger Ratserlaß über die Zulassung einer Witwe zum Beutlergewerbe v. 1540

„Auf Schreiben der römisch kaiserlichen Majestät und der Zustimmung der Beutler- und der Hängetaschenmacher hin, ist es der Witwe Ursula Kienberger vergönnt und zugelassen, daß sie aus Samt, Seide und dergleichen Beutel machen und Hängetaschen

Bürgerliche Arbeitsteilung: Abendliche Szene im Haus eines Handwerkers oder kleinen Kaufmanns. Titelholzschnitt von Metlingers „Regiment der jungen Kinder“, 1473.

anfertigen darf, und solches weiterhin, wie sie es bisher getrieben und getan hat, ohne Einspruch von irgendjemanden arbeiten und sich damit befassen soll und mag, doch in der Art dargestalt, daß sie neben sich zur Herstellung solcher Beutel und Hängetaschen kein Gesinde halten darf, sondern mit eigenen Händen ihr Leben lang allein arbeitet.“[26]

Die berufliche Situation aller Frauen verschlechterte sich im 15. Jahrhundert zunehmend, sowohl in den zünftigen wie in den freien Berufen. Etwa um 1500 sind die Frauen aus fast allen Berufen verdrängt. Es bildet sich eine breite Schicht proletarisierter Frauen, und diese Zeit bringt „dem allergrößten Teil der Frauenwelt die Vernichtung ihrer ökonomischen Unabhängigkeit und kulturellen Eigentätigkeit“.[27]

Waren Frauen nicht in relativ gesicherten Verhältnissen geboren, war ihr einziges „Kapital“ neben Fleiß und Arbeitsamkeit ihre mögliche Schönheit, die sozialen Aufstieg über Heirat oder als Mätresse erhoffen ließ.

Dies ist ein die gesamte Geschichte rechtloser Frauen durchziehendes Motiv; wir finden es in der Bibel, in Märchen und Sagen ebenso wie in der Geschichte bis heute. Männer hatten es im allgemeinen nicht nötig, ihr Äußeres als bestimmendes Moment der Lebensperspektive einzusetzen.

Noch heute sind die Möglichkeiten der alternden oder häßlichen Frauen geringer als die der entsprechenden Männer, und noch heute ist dies abhängig von den geringeren sozialen, beruflich-rechtlichen Möglichkeiten der Frauen.

Gerade an Frauendarstellungen vom Ende des 15. Jahrhunderts und Anfang des 16. wird deutlich: Das Ideal ist die Ehefrau und Mutter, Modell die Patrizierfrau. Sie wird häufig in ihrem vollen Staat porträtiert. Genreszenen oder Illustrationen zu Büchern zeigen ein ähnliches Bild: Die Begegnung der schwangeren Frauen Maria und Elisabeth, die Geburt Jesu, die Bewirtung der Jünger durch Martha (und die still zu Jesu Füßen sitzende Maria) oder die bürgerliche Kinderstube unterstützen die Tendenz, Frauen als Hausfrauen und Mütter zu definieren. Als Berufstätige kommen Frauen in dieser Zeit nicht mehr vor. Die an Frauen nicht erwünschten Eigenschaften werden als sündhaft oder lächerlich dargestellt: Frauen als Verführerinnen oder als männerbeherrschende Furien.

Zusammenfassung

Wir haben festgestellt: Die ökonomische und rechtliche Lage der Frauen im Mittelalter unterscheidet sich je nach ihrer Zugehörigkeit zu einer bestimmten Gesellschaftsschicht.

Adelige Frauen besaßen zwar wenige Rechte, sie durften aus Standesgründen auch nicht berufstätig sein, waren aber ökonomisch – leidlich – gesichert. Am günstigsten in bezug auf ihre Selbständigkeit standen sich die Bürgerfrauen. Politische Rechte hatten sie zwar auch nicht, aber die Möglichkeit, allein in einem Beruf zu leben. Gegen Ende des Mittelalters sind große Teile der bürgerlichen und der bäuerlichen Frauen in ihrer Existenz bedroht.

Auf diese ihre Lage reagierten die verschiedenen Gruppierungen unterschiedlich, je nach ihren Möglichkeiten: Sie suchten Lebensmöglichkeiten außerhalb der Ehe in den Orden und religiösen Gemeinschaften; war dies nicht möglich, bettelten sie oder lebten von der Prostitution.

Bevor die Antworten der Frauen auf ihre soziale Lage aber genauer dargestellt werden, ist es jedoch nötig, nach den Wertvorstellungen zu fragen, die das Ihre dazu beitrugen, daß Frauen diskriminiert waren oder blieben oder erst wurden. Eine entscheidende Rolle spielte dabei die *Kirche.*

Meister WB, Bildnis einer wohlhabenden Bürgersfrau. Frankfurt a. M., Städelsches Kunstinstitut.

Das Bild der Frau in der offiziellen Theologie

Wenn wir nach den Gründen fragen, wieso es möglich war, Frauen aus ihren Berufen zu verdrängen, und warum ihre Lebensmöglichkeiten sich ungleich mehr verschlechterten als die der Männer, dann stoßen wir beinah zwangsläufig auf die ideologischen und politischen Mächte der Zeit.

Politische Rechte hatten die Frauen keine: Im Rat der Städte saßen Männer, Richter waren Männer, Herrscher waren Männer – von den Ausnahmen der Fürstinnen abgesehen – und Theologen waren Männer.

Frauen waren rechtsunmündig, waren Objekte politischer Herrschaft, die bestenfalls geschützt wurden durch bestimmte Gesetze. Gesetze wurden geändert, scheinbar zum Wohl der Frauen, im Grunde aber im Interesse anderer herrschender Gruppen. Ein gutes Beispiel bietet das Erbrecht: Nach germanischem Recht erbten Frauen nur die „Gerade“ oder die „Fahrende Habe“, nicht Grund und Boden.[28] Das kanonische Recht versuchte, dieses zu ändern, auch Frauen das Erbrecht an Grund und Boden zu sichern. Schon damals waren die Frauen weit mehr in den Kirchen zu finden als die Männer – vermutlich versprachen sich die Geistlichen, einiges für den Kirchenbesitz zu erhalten, wenn die Frauen selbst vererben konnten.

Daß Theologen eine rechtliche Gleichstellung von Frauen keineswegs anstrebten, geht aus vielen Äußerungen von Kirchenlehrern hervor, die ausgesprochen frauenfeindlich waren. Um dies genauer zu belegen, möchte ich weit ausholen und in einzelnen Texten die Schritte zu immer größerer Frauenfeindlichkeit aufzeigen.[29]

Zur Zeit der frühchristlichen Gemeinden hatten Frauen eine durchaus den Männern gleichrangige Rolle gespielt. In den Evangelien, vor allem im Lukas-Evangelium, ist noch einiges davon nachzulesen. Manche der nicht in den Kanon aufgenommenen Evangelien betonen noch viel stärker zum Beispiel die herausragende Rolle von Maria Magdalena, die dort die Jünger belehrt,[30] oder die anderer Jüngerinnen. Paulus drängt in seinen Briefen den Einfluß von Frauen bereits zurück, obgleich er selbst noch wichtige Mitarbeiterinnen, wie Prisca oder Tabitha, in den griechischen Gemeinden anerkennen muß. So schreibt er im Korintherbrief:

Kap. 11,3-9:

„Ich lasse euch aber wissen, daß Christus ist eines jeden Mannes Haupt; der Mann aber ist des Weibes Haupt; Gott aber ist Christi Haupt. Der Mann aber soll das Haupt nicht bedecken, denn er ist Gottes Bild und Abglanz; die Frau aber ist des Mannes Abglanz.

Denn der Mann ist nicht vom Weibe, sondern das Weib ist vom Manne. Und der Mann ist nicht geschaffen um des Weibes willen, sondern das Weib um des Mannes willen.“

Kap.14,34-35

„Wie in allen Gemeinden der Heiligen lasset die Frauen schweigen in der Gemeinde, denn es soll ihnen nicht zugelassen werden, daß sie reden, sondern sie sollen sich unterordnen, wie auch das Gesetz sagt.

Wollen sie aber etwas lernen, so lasset sie daheim ihre Männer fragen. Es steht der Frau übel an, in der Gemeinde zu reden.“

Kap. 7, 1-3, 8.9.34

„Es ist dem Menschen gut, daß er kein Weib berühre.

Doch um der Unkeuschheit willen habe ein jeglicher seine eigene Frau, und eine jegliche habe ihren eigenen Mann.

Der Mann leiste der Frau die schuldige Pflicht, desgleichen die Frau dem Manne. ...

Den Ledigen und Witwen sage ich: es ist ihnen gut, wenn sie auch bleiben wie ich.

Wenn sie sich aber nicht können enthalten, so lass sie freien; es ist besser freien, als von Begierde verzehrt werden ...

Und die Frau, die keinen Mann hat, und die Jungfrau sorgt um des Herrn Sache, nämlich, daß sie heilig sei am Leib und auch am Geist, die aber gefreit hat, die sorgt um die Dinge der Welt, nämlich, wie sie dem Manne gefalle.“

Eine noch deutlichere Sprache haben die sogenannten Haustafeltexte oder der Brief an Timotheus.

Epheser 5, 22-24

„Die Frauen seien untertan ihren Männern als dem Herrn.

Denn der Mann ist des Weibes Haupt, gleichwie auch Christus das Haupt ist der Gemeinde, die er als seinen Leib erlöst hat.

Aber wie nun die Gemeinde ist Christus untertan, so seien es auch die Frauen ihren Männern in allen Dingen.“

1. Petrus 3, 1-4

„Desgleichen sollt ihr Frauen euren Männern untertan sein, auf daß auch die, die nicht glauben an das Wort, durch der Frauen Wandel ohne Wort gewonnen werden, wenn sie sehen, wie ihr in Reinheit und Gottesfurcht wandelt. Euer Schmuck soll nicht auswendig sein mit Haarflechten oder Goldschmuck oder Kleiderpracht, sondern der verborgene Mensch des Herzens im unvergänglichen Schmuck des sanften und stillen Geistes! Das ist köstlich vor Gott.“

1. Timotheus 2, 11-15

„Eine Frau lerne in der Stille mit aller Unterordnung.

Einer Frau gestatte ich nicht, daß sie lehre, auch nicht, daß sie sich über den Mann erhebe, sondern sie sei stille. Denn Adam ist am ersten gemacht, danach Eva.

Und Adam ward nicht verführt, das Weib aber ward verführt und ist der Übertretung verfallen.

Sie wird aber selig werden dadurch, daß sie Kinder zur Welt bringt ...“

Bürgerfrauen bei der Predigt. Aus: Cicero officia, 1531.

Die „fahrende Habe“ gehörte zum Erbe der Frauen.

Ein Ehemann prügelt seine Frau, die „gehässige Reden wider ihn“ geführt hat. Aus: „Der Ritter von Turn“ von Michael Furter, Basel 1493.

Die hier erhobenen Forderungen entsprechen schon nicht mehr der gesellschaftlichen Realität der damaligen Zeit, sondern dem Wunschdenken römischer Kaiser.[31] In den Auseinandersetzungen der Gemeinden mit dem Kaisertum und seinen religiösen Forderungen wurde diese Konzession gemacht, andere Dinge waren den zu dieser Zeit schon stark männlich bestimmten Gemeinden wichtiger.[32] Mit der Herausbildung einer kirchlichen Hierarchie und eines sakralen Priestertums – nachdem das Christentum unter Konstantin Reichsreligion geworden war – konnte es keine Priesterinnen geben: Frauen waren kultisch unrein. Dieser Gedanke wurde aus dem Judentum übernommen – er ist bis heute einer der wesentlichen Gründe, warum Frauen in der katholischen Kirche nicht als Priesterinnen oder zum Dienst am Alter zugelassen werden. Die Theologie entfaltete sich als Macht- und Denkgebäude von Männern, die ihren Vorrang immer wieder neu aus einer alten biblischen Geschichte begründeten, der Geschichte von Adam und Eva.[33]

Bezeichnenderweise ist meist nur die eine Version der Schöpfungsgeschichte bekannt (1. Mose [2, 5b-3, 24]). Da-

Die Erschaffung Evas: Herrad nimmt den Text ernst: Gott „baut“ die Frau aus der Rippe Adams und läßt sie nicht aus seiner Seite „geboren“ werden. Aus: Herrad von Landsberg, „Hortus deliciarum“.

nach war Adam der zuerst Geschaffene, Eva aus ihm – und aus einer krummen Rippe gemacht – als seine „Gehilfin“, wie Luther übersetzte. Eva ließ sich zuerst – durch den Teufel – verführen und verführte dann ihren Mann.

Als Strafe Gottes für die Sünde beider Menschen wird in diesem Text die „klassische“ Rollenteilung verkündet; zur Frau wird gesagt:

„Mit Schmerzen sollst du Kinder gebären! Nach deinem Manne wirst du verlangen; er aber soll dein Herr sein.“

Und zum Mann sagt Gott: „Mit Mühsal sollst du dich vom Acker ernähren dein Leben lang. Dornen und Disteln soll er dir tragen. (...) Im Schweiße deines Angesichts sollst du dein Brot essen ...“ (1. Mose 3, 16-19).

Direkt vor diesem Schöpfungsbericht mit der Sündenfallgeschichte steht ein anderer, jüngerer, in dem lapidar gesagt wird: „Gott schuf den Menschen ihm zum Bilde (...), als Mann und Frau schuf er sie. Und Gott segnete sie und sprach zu ihnen: Seid fruchtbar und mehret euch und füllet die Erde und machet sie euch untertan ...“ (1. Mose 1, 27-28). Hier wird dem Mann kein Vorrang eingeräumt vor der Frau. Beide gleichzeitig werden sie geschaffen, beide sollen über die Erde herrschen.

Bezeichnenderweise ist diese Version viel unbekannter geblieben. Schon in neutestamentlicher Zeit griff „man“ auf den älteren Bericht zurück, um damit die Vorherrschaft des Mannes, die alte Rollenteilung und als Wesensmerkmal für die Frau ihre leichte Verführbarkeit festzuschreiben.

Durch die gesamte Kirchengeschichte hindurch läßt sich die Interpretation dieses Berichts verfolgen, bis in unsere Zeit, immer mit der Absicht, die Unter- oder Nach-Ordnung (wie Karl Barth so schön sagte) und die alte Rollenteilung damit zu legitimieren. Es wurde nicht danach gefragt, wieweit dieser alte Text seinerzeit ein Spiegelbild der herrschenden Verhältnisse war bzw. vielleicht auch damals schon dazu diente, einen gesellschaftlichen, von Männern gewünschten Zustand zu legitimieren.

„Wenn der Mann das Haupt des Weibes ist, so ist es nicht schicklich, daß der übrige Leib (= die Frau) das Haupt beherrsche. ... Wenn nämlich der Mann das Haupt des Weibes ist und er zum Priestertum befördert wird, so widerstreitet es der Gerechtigkeit, die Ordnung des Schöpfers zu zerstören und den dem Manne eingeräumten Vorrang an das unterste Glied abzutreten; denn die Frau ist der Leib des Mannes, sie ist aus seiner Rippe und ihm unterworfen, weswegen sie auch zum Gebären der Kinder auserwählt ist.“[34]

„Weißt du nicht, daß du eine Eva bist? Es lebt der Richterspruch Gottes über deinem Geschlecht. Auch die Beschuldigung soll ihre Kraft behalten. Du bist die Tür des Teufels, du bist die Entsieglerin jenes Baumes, du hast zuerst das göttliche Gesetz im Stich gelassen, du hast jenen überredet, den zu überreden der Teufel nicht die Macht hatte: Du hast das Bild Gottes, den Menschen, so leichtfertig zerschlagen. Wegen dessen, was du verschuldet hast, den Tod, mußte sogar der Gottessohn sterben.“[35]

„Und er (der gefallene Engel) erwählte sich ... als sein Sprachrohr, geeignet für sein Vorhaben, die Schlange, ein schlüpfriges Tier, gewandt in krummen Schleichwegen. Diese machte er sich gefügig in seiner geistigen Bosheit ... und redete, sie als sein Werkzeug mißbrauchend, Lug und Trug zu dem Weibe, indem er bei dem minderen Teil des Menschenpaares den Anfang machte, um stufenweise zum Ganzen zu gelangen, in der Meinung, der Mann werde nicht so leichtgläubig sein und könne eher durch Nachgiebigkeit gegenüber fremdem Irrtum als durch eigenen Irrtum betrogen werden. ... So hat vermutlich auch der erste Mann seinem Weibe, der einzige dereinzigen ... in der Übertretung der Gebote Gottes aus enger geselliger Verbindung nachgegeben und sich durch sie verführen lassen. Denn sicher mit gutem Grund sagt der Apostel: ‚Und Adam wird nicht verführt, das Weib aber ward verführt!' Er will damit andeuten, daß Eva die Worte, die die Schlange an sie richtete, als Wahrheit hinnahm, während Adam mit seiner einzigen Gefährtin eher verbunden bleiben wollte, selbst in der Gemeinschaft der Sünde."[36]

„Denn die Liebe schickt sich für den Mann; die Furcht schickt sich für die Frau. Was den Sklaven angeht, so sind Furcnt und Zittern für ihn schicklich."[37]

Für die mittelalterliche Theologie ist Thomas von Aquin, der „Doctor divinus", besonders wichtig gewesen. Seine Beurteilung der Frauen erscheint mir der Gipfel theologisch begründeter mittelalterlicher Frauenfeindlichkeit. Zusätzlich zur Interpretation biblischer Texte zieht er Gedanken von Aristoteles heran, die ebenfalls außerordentlich frauenfeindlich waren, wie etwa die Theorie, daß eigentlich nur männliche Geschöpfe gezeugt werden, die weiblichen nur dank widriger Umstände entstehen.

„Vater und Mutter werden geliebt als die Urheber unseres natürlichen Seins. Freilich ist der Vater in einer hervorragenderen Weise Urheber als die Frau, da er der aktivere Urheber ist, während die Mutter die passive und stoffliche Urheberin ist. Folglich gebührt, genau genommen, dem Vater die größere Liebe. ...

Zum Zeugungsakt des Mannes steuert die Mutter die amorphe Materie des Körpers bei; und die letztere erhält ihre Form durch die gestaltende Kraft, die im väterlichen Samen enthalten ist. Obgleich diese Kraft nicht die vernunftbegabte Seele erschaffen kann, macht sie die Materie des Körpers bereit, jene Form zu empfangen."[38]

„Weiberherrschaft", Kirchliche Skulptur des 16. Jahrhunderts.

Eine Frau schlägt ihren Mann, Ende 15. Jahrhundert. Darstellungen von Ehefrauen, die ihre Männer schikanieren, waren zahlreich in dieser Zeit.

„1. Der Philosoph sagt: ‚Das Weib ist ein verfehlter Mann. Bei der Urbegründung der Dinge durfte es aber nichts Verfehltes und Mangelhaftes geben. Also durfte das Weib bei der Urbegründung der Dinge nicht hervorgebracht werden.

2. Unterwerfung und Herabsetzung sind Folgen der Sünde; denn zum Weibe wurde nach der Sünde gesagt (Gn 3, 16): ‚Du wirst unter der Gewalt des Mannes sein.' Und Gregorius sagt: ‚Wo wir nicht sündigen, sind wir alle gleich.' Das Weib steht aber von Natur aus dem Manne an Kraft und Würde nach; denn Augustinus sagt, es sei immer ehrenvoller, tätig zu sein als zu leiden. Also durfte das Weib bei der ersten Hervorbringung der Dinge vor der Sünde nicht hervorgebracht werden.

3. Anlässe zur Sünde müssen unterbunden werden. Gott wußte aber vorher, daß das Weib dem Manne Anlaß zur Sünde werden würde. Also durfte Er das Weib nicht hervorbringen.

Andererseits heißt es Gn 2, 18: ‚Es ist nicht gut, daß der Mensch allein sei; lasset Uns ihm eine Gehilfin machen, die ihm gleich ist.'

Antwort: ‚Es war notwendig, daß das Weib ins Dasein trat, wie die Schrift sagt, als die Gehilfin des Mannes; zwar nicht als Gehilfin zu einem [andern] Werke [als dem] der Zeugung, wie einige behaupten, da ja der Mann zu jedem sonstigen Werke eine bessere Hilfe im andern Manne findet als im Weibe, sondern [es war notwendig] als Gehilfin beim Werke der Zeugung.'"

„Zu 1. Hinsichtlich der Einzelnatur ist das Weib etwas Mangelhaftes und eine Zufallserscheinung; denn die im männlichen Samen sich vorfindende wirkende Kraft zielt darauf ab, ein dem männlichen Geschlechte nach ihr vollkommen Ähnliches hervorzubringen. Die Zeugung des Weibes aber geschieht auf Grund einer Schwäche der wirkenden Kraft wegen schlechter Verfassung des Stoffes. ... Aber mit Bezug auf die Gesamtnatur ist das Weib keine Zufallserscheinung, sondern nach der Absicht der Natur deren Zeugungsakt zugeordnet. Die Absicht der Gesamtnatur ist aber von Gott abhängig, dem Allurheber der Natur, und darum hat Er

Albrecht Dürer, Simson und Delila. Antike und biblische Themen zeigen häufig die gefährliche Frau: Delila entlockt ihrem Mann das Geheimnis seiner Kraft – die langen Haare – schneidet sie dem Schlafenden ab und macht ihn damit kraftlos.

bei der Begründung der Natur nicht nur den männlichen, sondern auch den weiblichen Zeugungsgrund hervorgebracht."[39]

Augustin oder Thomas von Aquin gehörten zu den am meisten gelesenen und für sehr bedeutend gehaltenen Kirchenvätern im Mittelalter. Gegen diese Übermacht konnte ein Petrus Abaelardus, der teilweise frauenfreundliche Texte schrieb, nicht ankommen. Es war verboten, die Bibel in die Landessprache zu übersetzen, so daß die Auswahl und Interpretation biblischer Texte stets bei den Theologen lag. (Und Latein sollten die Frauen möglichst wenig lernen – sie hätten ja mal auf eigene Faust die Bibel lesen können.) Gegen eine solche Übermacht anzukämpfen war fast unmöglich. Frauen akzeptierten die Festschreibung ihres Wesens als selbstverständliche, als göttliche Wahrheit, die nicht zu hinterfragen war. Selbst Frauen wie Hildegard von Bingen oder Mechthild von Magdeburg hielten sich – als Frauen – für minderwertig und entschuldigten sich für ihr schlechtes Latein oder für die Tatsache, daß sie als Frauen überhaupt schrieben.

Besonders tragisch für alle Frauen sollte sich der dualistische Gedanke Mann = Geist, Frau = Körper (Sexualität, Sünde) auswirken. Der einzige Bereich, in dem Frauen sich Männern überlegen fühlen durften, ihre Gebärfähigkeit, wurde damit als fleischlich-minderwertig abgestempelt.

Frauen werden definiert als die zur Sexualität Verführenden und – wieder mit Rückgriff auf die Schöpfungsgeschichte – als leicht vom Teufel Verführbare. Dies führt bei Thomas von Aquin zu der seltsamen Lehre von den Dämonen, die als Incubi, in männlicher Gestalt, oder Succubi, in weiblicher Gestalt, Geschlechtsverkehr mit Menschen haben und als solche Wechselbälger erzeugen können – der Boden für Hexenverfolgung und -verbrennung wird ideologisch hiermit gelegt.

Frauen hatten eigentlich nur eine Möglichkeit, „wie ein Mann" zu werden: nämlich ins Kloster zu gehen und jungfräulich zu leben. Gut und richtig war nur das männliche Geschlecht. Wollten Frauen vollkommene Menschen werden, so konnten sie das nur, wenn sie „wie Männer" wurden.

„Simon Petrus sagte ihnen: ‚Maria soll aus unserer Mitte fortgehen, denn die Frauen sind nicht würdig des Lebens.' Jesus sagte: ‚Siehe, ich werde sie anziehen, um aus ihr einen Mann' zu machen, damit sie wird, sie auch, ein lebender Geist, ähnlich euch Männern. Denn jede Frau, wenn sie sich männlich macht, wird in das Himmelreich eintreten."[40]

„Solange die Frau Kinder zur Welt bringt und aufzieht, unterscheidet sie sich vom Mann wie der Körper von der Seele. Wenn sie aber Christus mehr als der Welt zu dienen verlangt, wird sie aufhören, eine Frau zu sein, und man wird sie Mann nennen."[41]

Der Teufel als Vogelsteller und das eitle Weib. Aus: Brants „Narrenschiff", 1494.

Illustration zu den zehn Geboten. Das 6. Gebot untersagt Ehebruch. Hier heißt es schon: „Du sollst nicht unkeusch sein.“ Aus dem „Seelentrost“ von Anton Sorg, Augsburg 1478.

Ulmer Meister um 1460/70, Stehendes Brautpaar.

Die Rückseite der Tafel zeigt die beiden als Totenpaar.

„Wie die Sünde bei Frauen begann, so beginnt auch das Gute bei ihnen, damit auch die Frauen, im Verzicht auf weibliches Tun, der Schwachheit entsagen, und die Seele, die geschlechtslos ist, wie Maria, die Verirrung nicht kennt, in frommem Eifer ebenfalls den Weg der Keuschheit einschlägt."[42]

„Diejenige, welche nicht glaubt, ist eine Frau und sollte mit dem Namen ihres Geschlechtes bezeichnet werden; während diejenige, weiche glaubt, zum vollkommenen Mannestum voranschreitet, zum Maße des Mannesalters Christi. Sie läßt alsdann mit der Bezeichnung ihres Geschlechts die verführerischen Reize der Jugend und die Geschwätzigkeit des Alters hinter sich."[43]

741 teilt Papst Zacharias König Pipin auf dessen Anfrage mit: „Nichtsdestoweniger waren wir sehr ungehalten zu hören, daß eine Reihe heiliger Handlungen dadurch herabgewürdigt wird, daß man duldet, daß Frauen die Messe lesen, und vieles, das nur Amt von Männern ist, von dem Geschlecht ausgeführt wird, dem es nicht zukommt."[44]

Wenn wir im folgenden als eine der „Antworten" von Frauen des Mittelalters auf ihre soziale Lage den Andrang ins religiöse Leben, in Klöster, Einsiedeleien oder Beginenhäuser betrachten, sollten wir im Auge behalten, daß dies eine soziale und religiöse Antwort war. Religiös insofern nämlich, als nur dies Frauen einen höheren Selbstwert versprach. Die religiöse Bewegung ist nicht nur eine „fromme" Bewegung – es gab kaum andere Möglichkeiten, geachtet zu werden.

Viele Frauen konnten nicht einmal dem einzigen ihnen von der kirchlichen Lehrmeinung zugebilligten Zweck entsprechen, Kinder zu gebären. Die meisten konnten nicht heiraten, und uneheliche Kinder waren unerwünscht – und brachten die Frauen in zusätzliche wirtschaftliche Schwierigkeiten. Die allein lebende selbständige Frau war von der Kirche nicht vorgesehen – ist es wohl bis heute nicht.

Durch die offizielle Theologie untermauert: die Frau als Symbol von Sünde und Wollust. Hieronymus Bosch, Detail aus dem „Jüngsten Gericht“, um 1500.

Frauen in Orden

Zur Geschichte der Orden allgemein

Bei einer allerersten Suche zum Thema „Frauen in Orden" stellte ich fest, daß die RGG („Die Religion in Geschichte und Gegenwart") das Stichwort „Nonne" überhaupt nicht aufführt (in der alten Realenzyklopädie findet sich lediglich der sprachliche Hinweis, daß Nonne vom italienischen „nonna" = Großmutter abgeleitet sei, auch ein ganz nützlicher Hinweis!) – die Geschichte der Orden wird dort unter „Mönchtum" abgehandelt, ganz nach dem üblichen Muster: Frauen sind doch immer mitgemeint! Anfangs werde ich mich ebenfalls an diesen Sprachgebrauch halten müssen, weil die „Orden" erst spätere Gründungen sind.

Das Mönchtum ist hervorgegangen aus dem asketischen Eremitentum der Ostkirche, vorwiegend in Ägypten und Syrien. Es gab Eremiten, die einzeln lebten (unter ihnen auch Frauen, zum Beispiel auch weibliche „Säulenheilige"), und solche, die Anhänger um sich hatten.

Der bekannteste ist *Antonius* (ca. 300). Für Antonius und seine Anhänger war *gemeinschaftlich* vor allem der *Gottesdienst.*

In den schon stärker organisierten Ordensformen des *Pachomius* (gest. 348) war das *gemeinsame* Leben zentraler Gedanke: Gottesdienst, Arbeit, Mahlzeiten und Gebet. Pachomius gründete bereits Nonnenklöster.

Etwa um 40 ist das Mönchtum eine bestimmendere religiöse Gruppierung als die bis dahin wichtigeren Märtyrer, deren Worte und Lebensbeschreibungen eine außerordentliche Rolle spielten. Sowohl Märtyrer- als auch Mönchtum stellten vorzugsweise eine *Laienbewegung* dar.

Als eine solche wurde das Mönchtum 451 auf Beschluß eines Konzils in den jeweiligen bischöflichen Diözesanverband eingegliedert und der bischöflichen Jurisdiktion unterstellt. Theologische Lehre und christliches Leben sollten unter (hierarchische) Kontrolle gebracht werden.

Die Idee des Mönchtums wurde durch Wandermönche in den Westen getragen und dort vor allem durch irische und schottische Mönche. Es gab auch wandernde missionierende Frauen, was aber schon bald mit Mißfallen von Bischöfen als unschicklich getadelt wurde.

Eine von ihnen war die heilige Lioba – Liebenzell ist nach ihr benannt –, eine Freundin des Bonifatius, die aus England

Mönche und Nonnen wurden oft wegen ihres unkeuschen Lebenswandels kritisiert. Aus: Hans Holbein d. J., Totentanz.

Die Legende besagt, daß im 13. Jahrhundert eine Frau als Päpstin Johanne ein Kind zur Welt brachte. Miniatur aus dem 15. Jahrhundert.

Eine des ersten anglo-schottischen Missionarinnen in Deutschland: Die heilige Lioba, Fulda, 15. Jahrhundert.

kam und in Deutschland eine Reihe kleinerer Klöster um Bischofszell, ihr eigenes, herum gründete. Sie war die einzige, die das Fuldaer Kloster betreten durfte. Dem Wunsch des Bonifatius, mit ihr in einem Grabe begraben zu werden, wurde allerdings nicht entsprochen. Sie starb 28 Jahre nach ihm, 782, und ihre Gebeine wurden 50 Jahre später in die Peterskirche bei Fulda überführt.

Für die Ordensgeschichte in Europa wurde *Benedikt von Nursia* entscheidend, der (ca. 530) auf dem Monte Cassino ein Kloster gründete und für seine Gemeinschaft sehr ausführliche Regeln schrieb. Diese sogenannte Benediktiner-Regel war zwar in ihren einzelnen Bestandteilen nicht neu, Benedikt hat aber in 73 Kapiteln zum ersten Male ausführlich und klar eine Art Mönchsverfassung geschrieben, die für die weiteren Jahrhunderte nicht nur für die Benediktiner selbst, sondern für fast alle anderen Orden verbindlich wurde.

Die zentralen Begriffe dieser Regel sind: *Stabilitas,* die Beständigkeit, das heißt der Verbleib in einem Kloster (kein Umherwandern mehr), *Gehorsam,* vor allem gegenüber dem Abt als dem Kloster-Oberen, Geduld, Demut, *persönliche Armut* (Verzicht des einzelnen auf Besitz, nicht jedoch des Klosters als Gemeinschaft), *Keuschheit,* gemeinsames Leben in einer sinnvollen Verbindung von *Arbeit und Gebet.* Als Arbeit war zunächst einmal körperliche Arbeit gemeint, nämlich Acker-, Garten- und Weinbau. Gerade die Betonung der körperlichen Arbeit bewirkte nach Meinung bestimmter Gruppen vor allem in Frankreich im Laufe der nächsten Jahrhunderte eine „Entfremdung vom heiligmäßigen Leben".

Es kam zur Klosterreform von Cluny (909/10), bei der stärkeres Gewicht auf Gottesdienst, Stundengebet, Chorgesang gelegt wurde. Aber auch mit der Keuschheit scheint es nicht immer zum besten gestanden zu haben, jedenfalls betonten die cluniazensischen Reformer den Zölibat sehr stark, sie setzten durch, daß er durch Papst-Dekret von 1075 für den gesamten Klerus verbindlich wurde. Neben den Reformklöstern wurden im Laufe der Zeit weitere Orden gegründet, meist erneut aus Reformbestrebungen heraus, zum Beispiel 1084 die Kartäuser, 1098 die Zisterzienser, 1120 die Prämonstratenser. Nach etwa 100 weiteren Jahren genügten auch diese Orden nicht mehr den Ansprüchen radikaler Christen, die evangeliumsgemäß leben wollten und den etablierten reichen Orden dies absprachen. Es bildeten sich die sogenannten Bettelorden der Dominikaner, Franziskaner, Karmeliter und Augustiner. Bedeutend sind vor allem die ersten beiden geworden. Diese Orden unterschieden sich aber nicht nur inhaltlich, sondern vor allem auch soziologisch von den „alten" Orden. Die älteren Orden waren fast ausschließlich dem Adel vorbehalten (insbesondere auch die dort aufgenommenen Frauen betreffend) – es handelte sich um riesige Abteien außerhalb der Städte mit großem Grundbesitz. Die Bettelorden wurden jedoch innerhalb der Städte selbst angesiedelt, ihre Mitglieder stammten aus dem städtischen Patriziat (vor allem bei den Dominikanern) oder zumindest den wohlhabenden Bürgerlichen.

Frauen in Orden

Obwohl es schon in früher Zeit Frauen in Klöstern oder auch wandernde Missionarinnen gegeben hatte, wird in der Literatur wenig darüber berichtet. Offensichtlich taucht die Frauenfrage als Problem für die Orden erst im 11. Jahrhundert auf, im Zuge der sogenannten mittelalterlichen Frauenbewegung. Jetzt drängen Frauen verstärkt in die Orden, wobei es sich in der Regel um Frauen aus dem Adel handelt.[45]

Zisterziensernonnen, 13. Jahrhundert.

Zeichnung nach einer Miniatur aus der „Master Verborum", Prag, 13. Jahrhundert.

Diese religiöse Frauenbewegung wird häufig ausschließlich als eine verstärkte Sehnsucht nach einem einfachen christlichen Leben gesehen. Nach den Gründen wird selten gefragt, meist wird in die Richtung hin argumentiert, diese Frauen hätten das müßige und luxuriöse Leben nicht leben wollen und sich in den Dienst Gottes oder den Dienst an Armen und Kranken stellen wollen.

In den älteren Orden wurde großer Wert auf ein „heiligmäßiges" Leben gelegt. Auch die Frauen in diesen Orden lebten vor allem im Rhythmus der Gottesdienste, der Stundengebete und der Meditation. Sie lernten singen, lesen und schreiben – und dabei ein bruchstückhaftes Latein.

Manche Klöster unterhielten Schulen, in denen Mädchen unterrichtet wurden, die schon als Kinder ins Kloster gegeben wurden und später häufig dort blieben – oder auch bleiben mußten. Die von Benedikt geforderte – körperliche – Arbeit hielt sich in Grenzen: Krankenpflege, Gartenarbeit oder feine Handarbeiten (Stickereien) waren vorrangig. Die für Frauen besonders streng geforderte und auch praktizierte Klausur – der Einschluß hinter Klostermauern: Ordensschwestern durften ihre Klöster nie mehr verlassen – beschränkte die Handlungsmöglichkeiten zusätzlich.

Dies könnte ein Grund dafür sein, warum (hoch-)adelige Frauen zwar Klöster gründen ließen, selber „den Schleier nahmen" und die Regeln einhielten, aber nicht direkt im Kloster lebten. Sie wohnten für längere Zeit neben ihren Klöstern, reisten aber immer wieder oder betrieben politische Geschäfte, ehe sie endgültig ins Kloster eintraten. Und auch dann galt für hochvermögende Damen die Klausur keineswegs in der Strenge, wie sie für die übrigen Schwestern gefordert wurde. Beispiele dafür sind Hedwig von Polen oder Birgitta von Schweden.

Viele zu ihrer Zeit oder später berühmte Äbtissinen oder einfache Ordensschwestern kannten oder schrieben ein hervorragendes Latein, wenngleich sie glaubten, sich gelegentlich für ihre „schlechte Grammatik" entschuldigen zu müssen. Ein großer Teil der Schreib- und Illuminationsarbeiten geht auf Frauen zurück – zum Teil wurden sie mit den Abschriften von Texten von außerhalb beauftragt. Die Illustrationen zur „Mater Verborum" stammen sicher aus einem Frauenkloster – in den Initialen tauchen Ordensfrauen auf. Von Hildegard von Bingen wissen wir, daß sie Niederschrift und Malerei ihrer Bücher überwacht hat – wollte sie doch ihre Visionen so nah wie möglich im Bild ausgedrückt sehen. Eine der berühmtesten Prachthandschriften stammt von einer Frau: der Hortus Deliciarum der Herrad von Landsberg aus dem Kloster Odilienberg.

Herrad von Landsberg

Um 700 gründete *Odilia*, die Tochter des Alemannenherzogs Eticho, das erste Frauenkloster des Elsaß. Vermutlich entstand es an der Stelle eines keltischen Heiligtums, denn der Odilienberg ist noch heute von einer zehn Kilometer langen „Heidenmauer" aus keltischer Zeit umgeben. Die berühmteste Äbtissin dieses Klosters wurde *Herrad von Landsberg*. Sie hatte ihr Amt als Äbtissin 1167-95 inne. Neben wirtschaftlich-organisatorischen Tätigkeiten war sie vor allem interessiert an der Ausbildung der Novizinnen und Nonnen. So legte sie die große Bilderhandschrift „Hortus Deliciarum" (=Paradiesgarten) an, in der sie biblische und theologische Texte aufnahm. Dazu kamen historische Schriften, eine eigene Darstellung der Geschichte, Wissenswertes aus Naturwissenschaft und Künsten der damaligen Zeit, einschließlich Gedichten und Liedern mit Notenangaben. Beabsichtigt war: „... nichts Geringeres als eine Darstellung der universalen Kirche und der in ihr verwirklichten Heilsgedanken Gottes, beginnend mit der Weltschöpfung, quer durch die Geschichte des alten Bundes mit seinen geheimnisvollen Vorausdarstellungen des Christusgeschehens bis hin zu der Erscheinung Jesu Christi selber. Christus steht im Mittelpunkt aller Betrachtungen, er ist die alleinige Quelle des wahren Lebens, der Spender aller geistlichen Gaben ..."[46]

Die Handschrift war reich illustriert und sehr sorgfältig in der Malerei. Menschliche Figuren sind in der Kleidung des 12. Jahrhunderts dargestellt, die Bilder zeigen Gerätschaften und Tätigkeiten – auch Spiele – ihrer Zeit und sind bis heute

Illustration aus Herrad von Landsbergs „Hortus deliciarum" zu Judith und Holofernes.

Ein „Lehrbild" der Herrad von Landsberg. Links neben dem gekreuzigten Jesus: Maria Ecclesia empfängt die Sakramente der Kirche (Wasser und Blut: Taufe und Abendmahl). Ihr Tier verkörpert die vier Evangelisten. Rechts Eva-Synagoge, blind, auf einem Esel.

Illustration aus Herrad von Landsbergs „Hortus deliciarum" zu Judith und Holofernes.

vielfach benützt worden, um die Lebensumstände des 12. Jahrhunderts für die Gegenwart zu verdeutlichen.

Daß Herrad auch eine selbstbewußte Einschätzung ihrer selbst hatte, zeigt eine Darstellung der Kirche: eine Burg mit mehreren Stockwerken. Im Unteren befinden sich die Laien, von Bauern und Edelleuten bis zu ungelehrten Einsiedlern und Mönchen. Im oberen Stockwerk erscheint die *lehrende* Kirche, und dort finden sich neben Aposteln, Bischöfen und Päpsten auch Frauen in der gleichen Art und Tracht, in der Herrad sich anderweit selbst dargestellt hat.

Die Handschrift wurde 1871 bei der Belagerung Straßburgs vernichtet; Text und Abbildungen kennen wir aus einer leider nicht vollständig kolorierten Kopie.

Speculum Virginum

Wie speziell das Leben und Denken von Ordensfrauen aussehen sollte, zeigt neben den Lebensgeschichten heiliger Frauen vor allem der in der ersten Hälfte des 12. Jahrhunderts entstandene „*Jungfrauenspiegel*" (Speculum Virginum). Der Ausdruck „Spiegel" ist im Mittelalter sehr beliebt für belehrende Bücher, die auf bestimmte Wertmaßstäbe – Tugenden – und Verhaltensweisen zielen. Sie richten sich fast immer an einen bestimmten Personenkreis (Sachspiegel, Frankenspiegel, einzelne Fürstenspiegel ...). Auch die Begine Margarete Porete nennt ihr Buch „Spiegel". Der „Jungfrauenspiegel" ist eine anonyme Schrift, vermutlich am Mittelrhein entstanden und gedacht als eine Art Handbuch der Seelsorge für Theologen, die Frauen in Klöstern betreuten. (Seelsorge meint ja vor allem Seelen*führung* – und mit den „Jungfrauen" sind Ordensfrauen gemeint.)

Gleichzeitig stellt der Jungfrauenspiegel ein beliebtes Erbauungsbuch in Frauenklöstern dar. Dies läßt sich daraus ableiten, daß die Handschriften in Männerklöstern in der Regel in Latein, die in Frauenklöstern in der jeweiligen Landessprache abgefaßt sind.

Der „Jungfrauenspiegel" läßt vor allem Rückschlüsse darauf zu, wie die Wertvorstellungen für Ordensfrauen aussahen. Hatten die vorrangigen Tugenden für Mönche noch geheißen: Armut, Gehorsam, Keuschheit (und Stabilitas, d.h. das beständige Leben in einem Kloster im Gegensatz zu den früheren umherziehenden Mönchen), so benennt der Spiegel als wichtigste Tugenden: Demut, Liebe und Keuschheit. Dabei wird die Demut als die Wurzel aller Tugenden angesehen. Für mich verschiebt sich mit dieser Trias die Tugendlehre in eine mehr „weibliche" Dimension – Demut ist mehr als Gehorsam – im Zusammenhang mit „Liebe" wird daraus die speziell weibliche „Hingabe". Armut wird von den Frauen meist nicht gefordert – die für sie besonders strenge Klausur verbietet das Betteln um Almosen.

Daß der Stand der (biologischen) Jungfrauen als höchster gewertet wurde, belegt die Auslegung des Gleichnisses vom Sämann (Mk 4,1-20; Mt 13,1-23): Die Jungfrau bringt 100fältige, die Witwe 60fältige und die Ehefrau 30fältige Frucht.

Auch die „Keuschheit" wird schärfer gefaßt als bei Männern. Die für Frauen so viel strengere Klausur wird biblisch begründet mit Texten, die sich mit der leichteren Verführbarkeit und den Gefahren der Vergewaltigung befassen.[47]

Da die „Jungfrauen" sich ihrem himmlischen Bräutigam verloben – häufig tragen sie zum äußeren Zeichen dafür einen (Ehe-)Ring –, ist ihr „Fall" als „Ehebruch" gegenüber Christus zu werten, der niemals vergeben werden kann.

Nach Hieronymus kann Gott, obwohl ihm alles möglich ist, dennoch die Jungfräulichkeit nicht wieder herstellen und eine Gefallene (corrupta!) im Himmel krönen.[48]

Die drei Stände Jungfrau, Ehefrau und Witwe bringen 100fältige, 30fältige und 60fältige Frucht. Diese Illustration aus dem „Jungfrauenspiegel" betont die hohe Wertigkeit der Jungfrauenschaft und die geringe der Ehefrau. Miniatur aus dem „Speculum Virginum", Ende 12. Jahrhundert.

Abaelard und Heloisa

Daß es auch sehr persönliche und auch unfreiwillige Gründe gab, ins Kloster zu gehen, zeigt der Briefwechsel des tragisch berühmten Liebespaares *Abaelard und Heloisa.*

Petrus Abaelardus ist als Theologe und Scholastiker durch eine Reihe von Werken berühmt geworden und geblieben. Im Gegensatz zu den meisten Kirchen-„Vätern" wird ihm Frauenfreundlichkeit bescheinigt. Ich denke, dies läßt sich auch aus seiner Biographie ableiten.

Heloisa wurde etwa 1099 geboren und wuchs im Hause ihres Onkels Fulbert, eines Kanonikers, in Paris auf. Sie ist für eine Frau ihrer Zeit sehr sorgfältig ausgebildet, kennt sich gut in der lateinischen Literatur aus, hat Griechisch und Hebräisch gelernt. Zur Vervollkommnung ihrer Erziehung nimmt Fulbert etwa 1117 den bekannten Pariser Gelehrten und Hochschullehrer Petrus Abaelardus in sein Haus auf. Der mehr als 20 Jahre Ältere beginnt ein Liebesverhältnis mit seiner Schülerin, das zu einer großen Leidenschaft beider führt. Heloisa wird schwanger. Nach heftigen Auseinandersetzungen zwischen Abaelard und Fulbert kommt es zu einer Aussöhnung: Abaelard heiratet Heloisa, wünscht aber die Heirat seiner Karriere zuliebe geheim zu halten. Heloisa selbst hatte sich gegen eine Heirat ausgesprochen, um den Geliebten nicht zu belasten.

Fulbert hält sich nicht an die Geheimhaltung. Zudem mißhandelt er Heloisa. Abaelard entführt sie daraufhin in das Kloster Argenteuil, in dem sie über längere Zeit gelebt hatte.

1119 läßt Fulbert Abaelard überfallen und kastrieren, um sich an ihm zu rächen. Abaelard zieht sich daraufhin ins Kloster zurück; dieser Racheakt Fulberts wird bestimmend für sein weiteres Leben und Denken – und für das Heloisas.

Abaelard bestimmt Heloisa, Nonne zu werden, gegen ihren Widerstand. Ihr gemeinsamer Sohn wird bei Verwandten Abaelards erzogen. Später wird er ebenfalls Kleriker werden.

1129 werden die Nonnen von Argenteuil – Heloisa ist dort inzwischen Priorin geworden – durch Besitzansprüche des Abtes vom Kloster St. Denis vertrieben. Petrus Abaelardus stiftet ihnen eine Kirche – „Paraklet" – zum Kloster und läßt diesen Besitz durch den Papst bestätigen.

Über die Schenkung hinaus scheint er sich jahrelang wenig um das Kloster gekümmert zu haben, wie Heloisa in ihrem ersten Brief beklagt.

Um 1135 flieht Abaelard nach wechselvollem Schicksal aus dem Kloster, nachdem er seine „Leidensgeschichte" geschrieben hat, die den Beginn des Briefwechsels bildet. Er lehrt wieder in Paris und wird vielfach bekämpft, vor allem von seinem größten Widersacher Bernhard von Clairvaux.

Abaelard stirbt 1142 und wird auf Bitten Heloisas durch den Abt von Cluny in Paraklet bestattet. Sie selbst überlebt den Geliebten um mehr als 20 Jahre; sie stirbt 1164. 1497 werden beider Gebeine überführt in die Kirche von Nogent und dort in einem gemeinsamen Grabe bestattet.

Der „Briefwechsel" der beiden zieht sich über mehrere Jahre und umfaßt acht ausführliche Briefe, von Abaelards Seite her eher gelehrte Abhandlungen. Aber auch Heloisa geht zu Erörterungen theologischer Fragen über – die einzige Möglichkeit der Kommunikation, die ihr geblieben ist.

Weite Teile des späteren Briefwechsels beschäftigen sich mit der Belehrung der Nonnen über ihren Stand, mit Überlegungen zu einer Kloster-Regel speziell für Frauen, mit liturgischen Stücken.

Die „Leidensgeschichte" wird von Heloisa mit einem leidenschaftlichen Brief beantwortet, in dem sie noch einmal ihre Liebe und die Zerstörung beklagt. Die etwas trocken-lehrhafte Antwort Abaelards darauf zwingt sie, sich auf seinen Ton einzustellen, ihn als Lehrer zu befragen und einen Austausch über theologische Fragen und die Lebensweise von Nonnen und Mönchen zu pflegen. Auch in Heloisas Briefen zeigt sich eine umfassende Bildung – theologische und säkulare Schriftsteller werden ständig zitiert. Dies hat sogar dazu geführt, daß die Echtheit ihrer Briefe angezweifelt wurde. Aber ich denke, schon ein unbefangenes Lesen und Vergleichen macht den Unterschied deutlich. Allein die Form der Anrede, die Heloisa gebraucht, verrät ihre starke Emotionalität, die aber auch immer wieder in ihren Briefen selbst durchklingt.

Heloisa redet fast immer den Geliebten an, manchmal ihren „einzigen Herrn nach Christus". Ihre Anrede drückt die Klage über den Verlust aus, während Abaelard auch in der Anrede das geistliche Verhältnis betont: „Der Braut Christi, der Knecht Christi", der „Bruder" der „Schwester".

Die frauenfreundliche Haltung Abaelards wird vermutlich aus den Passagen abgeleitet, die von der Herkunft des Nonnen-Standes sprechen. Hier führt er viele biblische Frauengestalten als „Beleg" an, vor allem Frauen aus dem Neuen Testament, die Jesus als seine Jüngerinnen nachfolgten und keine eigenen Familien hatten. Und weiterhin nennt er berühmte Frauen der Kirchengeschichte, die allein ihrem „Bräutigam" Jesus Christus dienten. Mit seinen Beispielen begründet er gleichzeitig den Führungsanspruch der Männer über die Frauen – hier also den der geistlichen Väter über die Nonnen bis hin zu Äbtissinnen.

Keuschheit, Armut und Gehorsam werden als biblische Beispiele entfaltet. Selbstverständlich steht für Abaelard die Keuschheit an erster Stelle für Ordensleute. In diesem Zusammenhang betrachtet er sein eigenes Schicksal als Strafe Gottes, weil er selbst anders nicht habe keusch leben wollen. Heloisa sah das anders – sie hatte ja auch von sich aus nicht ins Kloster gewollt und mußte sich langsam auch innerlich überzeugen lassen.

Einige Abschnitte aus den Briefen sollen zur Illustration dienen:

Aus dem 2. Brief, Heloisas Antwort auf die nicht an sie gerichtete „Leidensgeschichte":

„MEINEM HERRN / NEIN / MEINEM VATER
MEINEM GATTEN / NEIN / MEINEM BRUDER
SEINE MAGD / NEIN / SEINE TOCHTER
SEINE GATTIN / NEIN / SEINE SCHWESTER
MEINEM ABAELARD SEINE HELOISA

Liebster! Einen Trostbrief an einen Freund, und zwar von Eurer Hand, hat mir ein Zufall jüngst in die Hand gespielt. Ich brauchte ja nur die ersten Worte anzusehen, um Eure Schrift zu erkennen. Und da ich den Briefschreiber so fest in meinem Herzen trage, so versenkte ich mich in heißer Hingabe in seine Worte. Ist mir auch der Mann verloren, soll doch aus seinem Wort sein Bildnis mich beglückend anschauen!

Gewiß, fast jedes Wort in dem Brief war getränkt, ich habe es nicht vergessen, von Galle und Wermut; malt er doch das Jammerbild meiner Einkehr ins Kloster und, Einziggeliebter, Deinen endlosen Weg unterm Kreuz ...

Innerlich unsicher, verzehre ich mich in einem Schmerz, der täglich neu wird: aber Du hast keinen Versuch gemacht, in seelsorgerlichem Gespräch oder mit einem Trostschreiben zu helfen!

Du kennst doch die ganze Schwere Deiner Verpflichtung, wie das Sakrament der Ehe Dich an mich bindet. Mir bist Du verpflichtet und verfallen; denn alle Welt bezeugt es, daß meine Liebe zu Dir kein Maß und kein Ziel gekannt. Herzliebster, Du weißt es, alle wissen es, was ich in Dir verloren, wie jammervoll der Sturz war nach dem schwärzesten Verrat, den die Welt kennt; Dich verloren und in Dir mich verloren, schmerzt tief; doch abgrundtief schmerzt es, wie ich Dich verlieren mußte. Wer unter stärkstem Druck leidet, verlangt auch die stärksten Heil- und Trostmittel, und er verlangt sie nicht von irgendwem sonst, sondern von Dir und nur von Dir. Du einzig, Du allein schlugst mir die Wunde, heile Du sie auch gnadenvoll! Du allein kannst mich betrüben, Du allein kannst mich fröhlich machen und trösten, und Du allein bist dazu verpflichtet, so stark, wie es nur ein Mensch sein kann. Jeden Befehl von Dir habe ich ausgeführt in so blindem Gehorsam, daß ich auf Dein Geheiß mich selbst opferte: ich mußte Dir eben gehorchen ...

Gott ist mein Zeuge, ich habe je und je in Dir nur Dich gesucht, Dich schlechthin, nicht das Deine, nicht Hab und Gut. Ein festes Eheband, eine Morgengabe – habe ich je danach gefragt? Du bist mein Zeuge, nicht meine Lust, nicht mein Wille war je mein Ziel, nein, nur Deine volle Befriedigung. In dem Namen ‚Gattin' hören andere vielleicht das Hehre, das Dauernde; mir war es immer der Inbegriff aller Süße, Deine Geliebte zu heißen, ja – bitte zürne nicht! – Deine Schlafbuhle, Deine Dirne ...

Die eine inständige Bitte habe ich an Dich, sie kommt Dir sicher bescheiden vor und leicht erfüllbar: muß ich schon auf das Glück verzichten, Dich zu sehen, schreib mir wenigstens die Liebesworte – Du hast sie ja überreichlich – und laß mir zuliebe Dein teures Bild in ihnen Leben gewinnen! ...

Es war doch nicht fromme Ergebung in Gottes Willen, die mich junges Ding ins finstere Kloster führte: nein, Dein Wille allein stieß mich ins Kloster. Ernte ich von Dir keinen Dank für mein Opfer, dann mußt Du es selbst als vergeblich bezeichnen: von Gott habe ich doch keinen Lohn zu erwarten; daß ich nicht aus Liebe zu Gott getan, was ich getan, das kann niemand bestreiten."[49]

Aus dem 3. Brief, dem 1. Abaelards, der direkt an Heloisa gerichtet ist:

„HELOISA / SEINER GELIEBTESTEN
SCHWESTER IN CHRISTO
ABAELARD / IHR BRUDER IN CHRISTO

... ich habe geschwiegen, aber nicht aus Gleichgültigkeit, sondern in meinem starken Vertrauen auf Deine eigene Klugheit. Wenn Gottes Gnade einer Frau im reichsten Maße alles geschenkt hat, was not tut, so durfte ich annehmen, sie brauche meine Briefe nicht. Und Du bist doch die Frau, die in Wort und Werk die Irrenden lehrt, die Kleinmütigen tröstet, die Schwachen aufrichtet; das ist bei Dir kein neues Können. Du hast es schon längst bewiesen, da Du als Priorin Deiner Äbtissin zur Seite standest.

Aber vielleicht möchtest [du] mit religiösen Fragen meine kundige Feder bemühen; schreib mir Deine Anliegen, ich will sie mit Gottes Hilfe erfüllen!"[50]

Aus dem 4. Brief: Heloisa an Abaelard

„Ihrem Einziggeliebten nach Christus seine Einzigliebende in Christus!

... Wenn ich Dich verliere, dann habe ich nichts mehr zu hoffen. Wozu soll ich dann noch hier meine Pilgerschaft fortsetzen? Ich habe in dieser Welt nur einen Trost – Dich! Ich habe an Dir nur einen Trost – Dein Leben! Alle anderen Freuden an Dir sind mir ja versagt, ja ich darf mich nicht einmal eines Besuches von Dir freuen, um so wenigstens manchmal mein Selbst in Dir wiederzufinden. O wenn ich es doch vor Gott verantworten könnte, ich sagte: Gott, wie grausam bist du zu mir überall! ...

Ich will Dir beichten, die ganze Schwachheit eines jammerschweren Herzens beichten: ich kann keinen Weg finden zu einer Reue, die mich mit Gott versöhnte; ich kann nicht aufhören, ihn anzuklagen, über diesen Gipfel der Grausamkeit zu klagen, daß Gott ein solches Unrecht geschehen ließ. Ich kann mich mit seiner Führung nicht abfinden ..."[51]

Aus dem 5. Brief: Abaelard an Heloisa

„DER BRAUT CHRISTI
DER KNECHT CHRISTI!

Soweit ich mich erinnere, sind es in Deinem letzten Brief vor allem vier Punkte, in welchen Du Deiner Erregung und Deinem Gekränktsein Worte geliehen hast ...

Ich habe mich nun entschlossen, Punkt für Punkt in meiner Antwort zu behandeln. Das geschieht nicht, um mich zu entschuldigen, das geschieht, um Dich zu belehren und aufzurichten. ...

Du bist ungerecht, wenn Du die Gerechtigkeit nicht liebst, Du bist die Ungerechtigkeit in Person, wenn Du wissentlich Dich auflehnst gegen Gottes Willen, gegen Gottes hohe Gnade.

Klagelieder, ja Klagelieder stimm an, aber stimme sie an über Deinen Erretter und Erlöser, nicht über Deinen Verführer und Deinen Buhlen! Stimm Dein Klagelied an über Deinen Herrn, der für Dich gestorben, nicht über Deinen Knecht, der noch lebt, der jetzt erst aus Todesnacht zum wahren Leben erweckt ist! Ich sage es Dir mit aller Eindringlichkeit, sieh Dich vor ..."[52]

Die heftige Abweisung von Heloisas Klage durch Abaelard und das geistliche Verbot, weiterhin von ihrem Liebesschmerz zu sprechen, zwingt sie, Themen anzusprechen, die er bereit ist zu behandeln. Wohl auch, um die briefliche Verbindung nicht gänzlich aufs Spiel zu setzen, stellt sich Heloisa von nun an auf Abaelards Ton ein. Sie stellt fest, daß die bisherigen Klosterregeln von Männern für Männer gemacht wurden, und daß für Frauen schon von ihrer Körperlichkeit her andere Regeln gelten müßten.

Der sehr umfangreiche 8. Brief beschäftigt sich mit der von Heloisa gewünschten Nonnen-Regel und behandelt die einzelnen Ämter oder Stände innerhalb des Klosters sowie die Regeln für Essen und Trinken, Gehorsam und Keuschheit. Sie werden alle mit vielen Beispielen ausführlich begründet. Deutlich wird der hohe Anspruch vor allem auch an die Äbtissin, die Unterordnung unter männliche Leitung insgesamt, die geschlechts-spezifische Arbeitsteilung. Essen und Trinken, Kleidung und Wohnen zeichnen sich vor allem durch Mäßigkeit aus, weniger durch grundsätzliche Askese.

Deutlich betont er die Notwendigkeit der Klausur – auch für die Äbtissin – und verweist mit biblischen Zitaten darauf, daß Männer für die Frauen finanziell zu sorgen haben.

Aus dem 8. Brief: Abaelard an Heloisa

„... Es ist apostolischer Wille, daß die frommen Frauen vor allem die Erlaubnis haben sollen, mehr durch die Werkleistung fremder Helfer ihren Unterhalt zu finden als durch eigene Betätigung. Es ist in der Ordnung, daß sie auf Kosten der Kirche erhalten werden, gewissermaßen aus ihres Bräutigams eigenen Einkünften. Das ist auch der Grund, daß der Herr für seine Mutter lieber den Apostel zum Fürsorger bestellt hat als den Mann, und daß die Apostel die sieben Helfer, d.h. die Diener der Kirche eingesetzt haben, den gottgeweihten Frauen zu dienen."[53]

Die hierarchische Struktur des Klosters beschreibt er mit militärischem Vokabular:

„Einigkeit in allem ist das Hauptziel; dies zu erreichen, muß eine einzige Schwester über allen stehen, und alle andern müssen ihr in allem gehorchen. Unter dieser leitenden Schwester sollen andere gewissermaßen als Beauftragte stehen, deren Auswahl und Einsetzung der Leiterin obliegt. Diese Beauftragten sollen nun die Pflichten übernehmen, die ihnen die Oberin überträgt, und soweit die Oberin als Feldhauptmann im Heere des Herrn sie ihnen überträgt; sie selbst sind dann die Hauptleute und Mitglieder des Kriegsrates. Alle übrigen Schwestern, gewissermaßen die Ritter und Kriegsknechte Christi, mögen unter der Leitung ihrer Führerinnen gegen den bösen Feind und sein Gefolge ohne Zagen angehen.

Die gesamte Verwaltung des Klosters erfordert meiner Meinung nach sieben Schwestern, nicht mehr, aber auch nicht weniger: eine Pförtnerin, eine Verwalterin, eine Kleiderbewahrerin, eine Krankenschwester, eine Vorsängerin und eine Hausmeisterin, schließlich die Diakonisse, die man jetzt Äbtissin nennt. Diese Diakonisse ist unumschränkte Führerin, die in allem von allen Gehorsam erwarten muß; sie steht an der Spitze dieses geistigen Heerlagers und des Heervolkes des Herrn, wie geschrieben steht: ‚Des Menschen Leben auf Erden ist ein beständiges Kämpfen', und an anderer Stelle heißt es: ‚Furchtbar wie Kriegerscharen'. Die sechs weiteren Schwestern, die unter ihr stehen, und die wir Offizialen, d.i. Beamte, nennen, bekleiden den Rang von Hauptleuten und Ratgebern. Alle anderen Nonnen, die wir Klausnerinnen nennen, führen den Kampf, ein allzeit schlagfertiges Heer des Herrn. Die Laienschwestern, die gleichfalls der Welt entsagten und sich feierlich zum Gehorsam wie die Nonnen verpflichteten, nehmen eine untergeordnetere Stellung ein, gewissermaßen als einfache Kriegsknechte. Auch sie haben ein frommes Leben zu führen, obgleich die Forderungen an die Nonnen bei ihnen nicht mit der vollen Strenge durchgeführt werden. Es bleibt nun die Aufgabe, mit Gottes Hilfe den Pflichtenkreis der einzelnen Stufen dieses Gottesheeres zu umschreiben, auf daß von ihnen mit vollem Recht das Wort gelte: Furchtbar wie Kriegerscharen ..."[54]

Zugleich legt er aber Wert darauf, daß auch die Äbtissin – er knüpft dabei an das altkirchliche einzige weibliche „Amt" der „Diaconissa" an – sich nicht anmaßt zu herrschen. Seiner Meinung neigen gerade Frauen besonders dazu (wehret den Anfängen!). Abaelard spricht sein Erstaunen darüber aus, daß sogar „Jungfrauen" in dieses Amt berufen werden können. Eine Witwe hatte in ihrem Eheleben wohl gelernt, daß sie dem Mann zu gehorchen habe! In diesem Zusammenhang verurteilt er gleich noch die Praxis der Doppelklöster, in denen Frauen über beide die Leitung hatten. Die oberste Leitung sollte immer von Männern ausgeübt werden.

„Wenn ich jetzt die eigentliche Regel aufstelle, so fange ich gebührenderweise mit dem Oberhaupt an, das ich Diakonisse nenne. Der Diakonisse gelten mit Recht meine ersten Anordnungen, hat sie doch wiederum alles andere anzuordnen. Schon in meinem vorausgehenden Schreiben habe ich mit den Worten des Apostel Paulus an Timotheus geschildert, welche Anforderungen an ihre Frömmigkeit zu stellen sind, wie sie ganz besonders ausgezeichnet und bewährt zu sein hat: Laß keine Witwe erwählt werden unter sechzig Jahren, und die da gewesen sei *eines* Mannes Weib, und die ein Zeugnis habe guter Werke:

... Es befremdet mich deshalb stark, daß sich überhaupt in der Kirche der Brauch hat einbürgern können, und zwar zum schweren Schaden der ganzen Einrichtung, für dies Amt lieber Jungfrauen als Witwen zu erwählen und oftmals jüngere den älteren vorzuziehen.

Bei der Wahl und der Weihe der Diakonisse kommt es also vor allem darauf an, daß man ... eine Schwester wählt, die in der Lebensführung und an Wissen die andern übertrifft: sie soll gereiften Alters sein, daß man auf ihre sittliche Zuverlässigkeit bauen darf, sie soll vorher gehorcht haben, um jetzt befehlen zu können, die Regel soll ihr fester Besitz geworden sein durch tätige Übung, nicht nur durch das bloße Anhören. Wenn sie keine große Gelehrte ist – sie lasse es sich zum Trost gesagt sein: sie ist nicht berufen, philosophische Vorlesungen zu halten und Übungen in der Logik zu veranstalten; ihre Aufgabe ist es, das regelmäßige Leben und die Ausübung der guten Werke zu ihrem Studium zu machen. Es steht ja auch vom Herrn geschrieben: Da Jesus anfing beides, zu tun und zu lehren , wobei das Tun zuerst kommt und dann das Lehren. Handeln können ist besser und vollkommener als reden können, die Tat steht über dem Wort ...

Was wird vollends das schwache Geschlecht gegen den Versucher ausrichten? Vor seinen Verführungskünsten muß sich niemand mehr fürchten als die Frauen. Die Frau hat er zuerst verführt und durch sie den Mann und hat so die ganze Nachkommenschaft für sich gewonnen. Das Weib war voll Gier, des Guten noch mehr zu haben, und verlor so noch das Wenige. Mit diesen Kunstgriffen wird der Versucher das Weib auch jetzt noch gar leicht verführen, will es doch lieber herrschen als dienen und ist bei seiner Habsucht und seinem Ehrgeiz leicht zu packen.

... Sie soll sich auf den Abtstuhl eher mit Gewalt ziehen lassen, als daß sie freiwillig zu ihm hinaufsteige ... Um die ansteckende Krankheit des Ehrgeizes nach Möglichkeit zu bekämpfen, verbieten wir der Äbtissin kurzweg, ein besseres, gemächlicheres Leben zu führen als ihre untergebenen Schwestern. Weder beim Essen noch beim Schlafen soll sie sich von ihren Schwestern absondern, vielmehr mit der ihr anvertrauten Herde alles teilen; das beständige Beisammensein erleichtert ihre Aufsichtspflichten.

Ein Vorgesetzter, der seinen Untergebenen in die eigene Lebensführung keinen Einblick gibt, benimmt seinen Anordnungen die Vorbildlichkeit. Auch die stärksten Entbehrungen erscheinen jedem tragbar, wenn alle gleichmäßig von ihnen betroffen werden, insbesondere die Vorgesetzten.

Vorgesetzten tut vor allem Mäßigkeit not: sie müssen sich selbst in ihren Ansprüchen beschränken, da sie auch noch für die anderen zu sorgen haben. Ihr hohes Amt ist ein Gnadengeschenk des Herrn; sie sollen es nicht hoffärtig mißbrauchen und besonders ihre Untergebenen dadurch vor den Kopf stoßen ...

Wenn die Vorgesetzten draußen herumziehen, dann wird drinnen das Band der Regel locker ... Ihre erste Pflicht, die Seelsorge an ihren Schwestern, erfüllt sie am besten, wenn sie die Klausur überhaupt nicht mehr verläßt ..."[55]

Die Arbeitsteilung in den Klöstern stellt Abaelard sich genauso „klassisch" vor, wie sie im weltlichen Bereich geübt wurde:

„So bestimmen wir, daß Mönche und Laienbrüder nach der Art der Apostel und Armenpfleger den Frauenklöstern die ganze äußere Verwaltung abnehmen, die Mönche sind für die Frauenklöster vor allem unentbehrlich, die Messen zu lesen, und die Laienbrüder sind für alle Außenarbeit erforderlich ...

Ich denke, die Frauenklöster erfüllen ihre Ordenspflichten in der vollen Strenge, wenn sie unter der gewissenhaften Leitung geistlicher Männer stehen, wenn für die Schafe wie für die Widder ein einziger Hirte bestellt ist; der die Männer leitet, soll es auch bei den Frauen tun, und es soll die apostolische Verordnung in Kraft bleiben: ‚Der Mann aber ist des Weibes Haupt. Christus ist eines jeglichen Mannes Haupt. Gott aber ist Christi Haupt.'

Im Anschluß an diese weise Fürsorge bestimmen wir, daß Frauenklöster Männerklöstern unterstellt werden: die Brüder sollen für die Schwestern sorgen, *ein* einziger geistlicher Vater soll sie beide leiten und regieren. Beide Klöster sollen sich nach seinen Weisungen richten, auf daß eine Herde und ein Hirte im Herrn sei ... Die Mönche mögen den Männern Gastfreundschaft erweisen, die Nonnen den Frauen; so kann die heilige Gemeinschaft sich jeder Seele annehmen, die um ihr Heil bekümmert ist ...

Vorräte an Lebensmitteln, Kleidern, allenfalls auch an Geld sollen samt und sonders bei den Mägden Christi gesammelt und aufbewahrt werden; aus diesen Vorräten soll den Brüdern zur Lebensnotdurft gereicht werden, was über den Bedarf der Schwestern hinausgeht. Die ganze Außenarbeit werden die Brüder leisten, die Schwestern nur das, was drinnen Frauen zu tun geziemt: sie werden die Kleider der Brüder nähen und waschen, sie werden den Brotteig machen, im Backhaus abliefern und die fertigen Brote dort wieder abholen. Sie werden melken und Butter und Käse bereiten, Hühner und Gänse füttern, kurz, sie werden alles tun, was für Frauen besser paßt als für Männer.

Der Leiter dieser Gesamtgemeinschaft soll nach seiner Einsetzung in Gegenwart des Bischofs und der Schwestern schwören, ihnen ein treuer Haushalter im Herrn zu sein und sie vor aller fleischlichen Befleckung sorgsam zu behüten.

Keine Schwester darf jemals die Umfriedung des Klosters verlassen; jede Außenarbeit nehmen, wie gesagt, die Brüder den Schwestern ab, und das starke Geschlecht wird sich mit der schweren Arbeit abmühen."[56]

Ich habe diesen Briefwechsel aus mehreren Gründen so ausführlich zitiert (ohne ihm gebührend gerecht zu werden):
– Er zeigt sehr deutlich die unterschiedliche Sprache, in der sich eine Frau und ein Mann über ihr gemeinsames Schicksal auseinandersetzen.

Albrecht Dürer, Bildnis der Fürlegerin mit offenem Haar, 1497.

– Für alle Orden verbindliche Regeln gab es nicht: Abaelard formuliert auf Bitten Heloisas spezielle Regeln für Frauen – und d.h. auch: Frauen konnten oder sollten keine eigenen Ordnungen entwerfen. Nur sehr gelegentlich versuchte eine Frau dies, z.B. Birgitta von Schweden.
– In der Literatur wird immer wieder gesagt, Frauen drängten aus religiöser Bewegtheit in die Klöster, weil sie ein Leben in evangelischer Armut erstrebten – für viele aber wird der Eintritt nicht freiwillig gewesen sein; Heloisa ist dafür ein besonders bewegendes Beispiel.

Dennoch bleibt unbestritten, daß das „religöse Leben" auf Frauen eine starke Anziehungskraft hatte.

Ich möchte davon ausgehen, daß sicher eine ganze Reihe von Motiven bestimmend war für die Entscheidung so vieler Frauen, ins Kloster zu gehen. Auf diese Motive möchte ich später noch einmal zurückkommen, zunächst nur festhalten: Der Andrang zu den Klöstern war beängstigend groß

Dem trugen die Ordensgründungen zum Beispiel des Franzosen Robert von Arbrissel Rechnung: Er gründete in Fontrevault ein Doppelkloster (nach diesem Muster wurden später weitere gegründet), dessen Leitung interessanterweise bei den Frauen lag!

Als weitere Orden boten sich für die Frauen die um 1100 gegründeten Orden der Prämonstratenser und der Zisterzienser an – es dauerte aber nur ca. 80 bis 100 Jahre, bis beide Orden sich wehrten, Frauen aufzunehmen. Schon 1198 wies der Prämonstratenserorden seine Klöster schriftlich an, keine Frauen mehr aufzunehmen. Stufenweise versuchte der Zisterzienserorden, sich seiner Frauen zu entledigen:

1212 wird als Begründung angegeben: die Klausur werde bei den Frauen nicht eingehalten;

1220: in die bestehenden Frauenklöster sollen keine neuen Frauen mehr aufgenommen werden:[57]

1228: es dürfen keine neuen Frauenklöster mehr gegründet werden. Frauen waren meist darauf angewiesen, die Lücken ausfindig zu machen, um nach eigenen Vorstellungen leben zu können, so auch hier: Sie stellten nämlich fest, daß sie sich direkt an den Papst wenden und mit den entsprechenden Sondererlaubnissen ausstatten lassen konnten. Das taten sie dann auch fleißig über die nächsten Jahrhunderte hinweg (die neuen Bettelorden führten bald denselben Kampf gegen die Aufnahme von Frauen). Natürlich konnte dies nur einigen besonders risikofreudigen oder einflußreichen, sprich (hoch-)adeligen Frauen gelingen, und sie mußten ihre persönlichen Beziehungen einsetzen bzw. hingen davon ab, wie der jeweilige Papst über diese Frage dachte bzw. wie er zu bereden (gelegentlich vielleicht auch zu bestechen) war. Die Zisterzienser schrieben zwar 1230 an die Kurie und teilten mit, daß der Papst doch künftighin davon absehen möge, Frauen-Klöster zuzulassen, sie wollten eindeutig klar machen, daß er damit gegen ihren erklärten Willen und ihre Interessen handele. Sie wußten jedoch, daß im Zweifelsfalle jeder Papst über den Willen der Orden hinweg verfügen konnte. Davon wurde reichlich Gebrauch gemacht. Dennoch war die Lage der Frauen insgesamt schwierig. Ein Lateran-Konzil von 1215 verfügte, daß keine weiteren neuen Orden gegründet werden dürften, und die bestehenden weigerten sich, Frauen aufzunehmen.

Ein Ausweg bot sich zunächst einmal in den eben noch neu gegründeten Orden der *Dominikaner* und *Franziskaner* an. Beide hätten eigentlich nicht mehr zugelassen werden dürfen, bildeten aber eine Form der Kanalisierung der zunehmenden Ketzer-Bewegungen, die vor allem aus der Kritik an der herrschenden reichen Kirche entstanden. Die armen Bettelorden waren einerseits ein Vorzeige-Objekt und andererseits ein Machtmittel zur direkten Bekämpfung der Ketzer.

Szene aus einem Klarissinenkloster: Während des Essens wird vorgelesen. Pietro Lorenzetti, Detail aus dem „Leben der heiligen Humilitas", 1341.

Vor der Klosterpforte, Holzschnitt, 15. Jahrhundert.

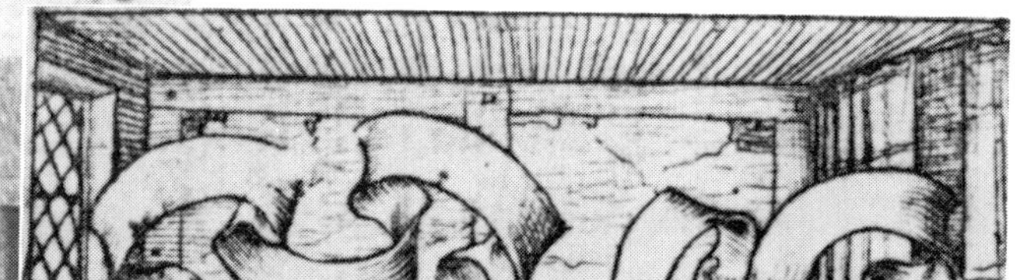

Die beiden Nonnen. Hausbuchmeister.

Dominikus hatte 1206 persönlich in Südfrankreich das Frauen-Kloster Prouille gegründet, ausdrücklich zur Abwehr gegen die Ketzer (die Katharer), für deren Lehren Frauen ihm besonders anfällig erschienen.

1218 gründete er ein weiteres Frauenkloster in Madrid und 1222 eines in Rom. Ein viertes in Bologna, für das sich eine Frau dort sehr einsetzt, wird von ihm abgelehnt. Zu diesem Zeitpunkt beginnt Dominikus, sich ebenfalls gegen Frauen in den Klöstern zu wehren und vor ihnen zu warnen.

Zwar war der Orden vor allem als Prediger-Orden gegründet worden, und die Predigt richtete sich schon damals vorzugsweise an Frauen, aber die Einbeziehung von Frauen *in* den Orden lehnte Dominikus ab.

Franziskus wies die Idee von Frauenklöstern von vornherein von sich. Er hatte ja nicht einmal für sich selbst die Absicht gehabt, einen regulären Orden zu gründen. Parallel zu ihm erwirkte die von seinen Ideen überzeugte *Clara Sciffi* (manchmal als seine geistliche Schwester bezeichnet), daß sie in Florenz in der Kirche St. Damian in einer klosterähnlichen Gemeinschaft mit anderen Frauen zusammenleben durfte, und zwar als einziges Kloster in absoluter Armut, ohne eigenes Klostereinkommen.

Clara hat sich mit Entschiedenheit gegen alle Pläne ihrer Eltern zur Wehr gesetzt, sie zu verheiraten. Auch die persönliche Armut hat sie mühsam erstritten.

Daraus hat sich später gegen ihren Willen der Clarissenorden entwickelt, ein ausschließlicher Frauenorden, in dem die Frauen aber nicht mehr in der von Clara gewollten freiwilligen Armut leben durften.

Nach Franziskus' Tode wurden den Franziskanern auch Frauenklöster angegliedert. Der Orden selbst hat sich aber in Deutschland nicht so stark verbreitet wie der der Dominikaner. Über die Gründe können wir nur spekulieren. In der einschlägigen Literatur wird lediglich festgestellt, daß das franziskanische Ideal in den nördlichen Ländern offensichtlich nicht solchen Anklang fand wie das dominikanische, stärker auf Predigt ausgerichtete, und daraus geschlossen, daß den Frauen hier mehr daran lag, ihren mystischen, auf das Innenleben gerichteten Vorstellungen gemäß zu leben, als dem evangelischen Armutsideal des Franziskus. Dazu ist allerdings zu sagen, daß auch in Italien der Franziskanerorden unter den Frauen nicht so viel Zulauf fand wie unter den Männern.

Frauen könnte mehr an Bildung gelegen haben als an Armut – dieses „Kontrastprogramm" war vielleicht für Männer verlockender, da sie auch eher zu den Besitzenden gehörten als die Mehrheit der Frauen.

In Deutschland unterstanden den Franziskanern 1255 vier Frauenklöster, ca. 1295 18 Frauenklöster und 1316 40 (gegenüber 203 Männerklöstern). In Italien kamen auf 567 Männerklöster 198 Frauenklöster.

Ganz anders sah es bei den Dominikanern aus: 1277 unterstanden den Dominikanern insgesamt 58 Frauenklöster, davon 40 in Deutschland. Brüderkonvente hatte der Orden insgesamt 414, in Deutschland 53. Und 1303 standen in der Provinz Teutonia 65 Frauenklöster 46 Männerklöstern gegenüber![59]

In den einzelnen Klöstern lebten etwa 80-100 Nonnen, in den Franziskanerklöstern ca. 45 Nonnen. Weil von den Frauen – im Gegensatz zu den Männern – strenge Klausur gefordert wurde, mußten die einzelnen Frauenklöster soviel eigenen Besitz haben, daß sie davon leben konnten. Denn die Frauen durften nicht bettelnd umherziehen wie die Männer. Meist wurde das damit begründet, daß ihre Keuschheit gefährdeter war als die der Männer. (Und das wirft erneut ein Schlaglicht auf die sexuelle Minderbewertung der Frauen einerseits, als leicht verführbare Wesen, aber auch auf die mögliche Gewalttätigkeit von Männern andererseits: Vergewaltigung ist immer mitgedacht.)

Die Dominikaner legten also Wert darauf, daß die Klöster, die sich ihrem Orden anschließen wollten, wirtschaftlich in gutem Zustand waren.[60]

Um einen Überblick über die Finanzkraft der einzelnen Klöster zu bekommen, ließ der Ordensgeneral 1257 das Einkommen aller Klöster schätzen und legte danach die jeweils ihm tragbar erscheinende Anzahl der Insassinnen fest. Zum Beispiel wurde für das Kloster Oetenbach ein Abbau-Sparprogramm gemacht. 1285 betrug die Zahl der Nonnen noch 120. Nach dem Plan des Prior durften aber nur 60 dort leben. Er verfügte, daß nach dem Tode von jeweils *zwei* Nonnen *eine* neu aufgenommen werden durfte. 1310 war das Planziel von 60 erreicht – Stellenstop im Mittelalter! Dabei scheinen die Schwestern selbst kaum gefragt worden zu sein – möglicherweise wären sie durchaus willens gewesen, ärmlicher zu leben. Oder, wenn die Gründe wirklich ausschließlich finanzielle waren, sie hätten dazu überredet werden können, auch unter wesentlich schlechteren Bedingungen zu leben, wie dies andere Beispiele zeigen. Auch heute werden ja finanzielle Gründe gern vorgeschoben, wenn eigentlich Inhalte gemeint sind. Die Brüder hatten auch stets deutlich gesagt, daß ihre Arbeit in den Nonnenklöstern sie zu stark belaste – Beichte, Gottesdienste, Einkleidung, Verwaltung des Besitzes, Sterbesakramente – und von ihren eigentlichen Aufgaben, der (Buß- und Ketzer-) Predigt und der Kontemplation abziehe.

Es ist aber zu fragen, ob sie nicht auch berechtigte Sorgen hatten, daß manche Frauen auf die Idee kommen könnten, sie könnten ganz gut einige dieser Aufgaben allein übernehmen. Wenn in Predigten und Statuten von Männern an Nonnen immer streng darauf hingewiesen wird, daß Frauen nicht predigen dürfen oder daß ihnen bei Strafe der ewigen Verdammnis verboten wird, die strenge Klausur zu verlassen, läßt dies darauf schließen, daß es offensichtlich unter den Frauen Bestrebungen gab, diese Arbeitsteilung zu ändern. Schließlich wird auch später mit Entrüstung vermerkt, daß Frauen untereinander über die Trinität diskutierten! So etwas durfte selbstverständlich nicht sein und wurde mit päpstlicher Autorität verboten!

Auch die Bettelorden versuchten, wie schon früher die Prämonstratenser und die Zisterzienser, die Zahl ihrer Frauenklöster zu beschränken. Die Auseinandersetzungen mit der Kurie – bei der einzelne Frauen erwirken, daß die Orden sie aufnehmen müssen reißen – über die nächsten beiden Jahrhunderte nicht ab.[61]

Dennoch gelingt es nur einem vergleichsweise geringen Teil von Frauen, sich einem Orden anzuschließen. Und die strengen Klausur-Bestimmungen mit der Forderung nach eigenem Einkommen ermöglichen es wiederum nur einer ganz bestimmten Schicht von Frauen, sich einem Orden anzuschließen. So nimmt es nicht wunder, beispielsweise in den Dominikanerinnenklöstern der großen Handelsstädte fast nur Frauen des städtischen Patriziats zu finden. Ich halte es allerdings für falsch, den Schluß daraus zu ziehen, es habe nur die Frauen ins Kloster gedrängt, die dem üppigen weltlichen Leben entsagen wollten, denn man sehe doch, arme Frauen drängte es nicht in die Klöster! Arme Frauen hatten nur in seltenen Fällen die Möglichkeit, selbst in eins der Bettel-Orden-Klöster hineinzukommen – vielleicht hätten sonst viel mehr die Gelegenheit wahrgenommen.

Einige Texte sollen illustrieren, wie Klöster gegründet und wie mit den Frauen darin umgegangen wurde.

„Wie ein ehrsamer Rat und gemeine Bürgerschaft der Stadt Villingen ein Kloster mit Klausur in der Stadt aufzurichten begehrten

In dem Jahr des Herrn 1479 begab es sich, daß ein ganzer ehrsamer Rat mit gemeiner Bürgerschaft begehrten ..., ein Sankt Klarakloster mit Klausur in der löblichen Stadt Villingen aufzurichten. Weil aber solches in erster Linie der geistlichen Obrigkeit zugehört, ließen sie die Sache an den wohlehrwürdigen Herrn Provinzial, Pater Heinrich Karer, der ein hochgelehrter und geistreicher Herr war, gelangen.

Da seine Wohlehrwürden die Sache vernahm, hatte er ein besonderes Wohlgefallen an diesem gottseligen Begehren und war willig und bereit, seine Mühe und Arbeit daranzuspannen. ... Er beratschlagte die Sache gar wohl in seinem hohen Verstande, und als seine Wohlehrwürden unter anderem gedachte, woher er füglich Frauen zu dieser Reformation hernehmen möchte, fiel ihm gleich diese würdige Mutter Ursula Haiderin zu Valdunen ins Gemüt ...

Also machte sich der hochwürdige Vater Provinzial bald auf den Weg nach Rom und bewarb sich um Erlaubnis bei dem Heiligen Vater und Papst Sixto IV., wie auch bei dem hochwürdigen Kardinal und Schutzherrn des heiligen Ordens. Er nannte auch die mehrgedachte geistliche Mutter mit noch anderen sieben Frauen ...

Im Jahre 1480 am 25. Januar kam er zu den ehrwürdigen Frauen nach Valdunen. Die empfingen ihn mit großen Freuden und wußten nichts von seinen Geschäften. Es trat also der ehrwürdige Vater zu ihnen in die Klausur und berief die Frauen zum Kapitel, worüber sie sich etwas entsetzten. Sie kamen in kindlichem Gehorsame, um den väterlichen Willen und Befehl anzuhören. [Die Frauen weinten ob des Auftrages, daß sie in ein anderes Kloster ziehen sollten.]

Doch tät er ihnen einen gar schönen Sermon vom heiligen Gehorsame, damit sie ihre Leiden und Betrübnis leichter ertragen möchten; denn jedwede Frau konnte sich wohl denken, daß ihr noch viele Leiden bevorstünden. Sie (Mutter Ursula, E. S.) neigte sich willig vor diesem väterlichen Befehle in heiligem Gehorsame, ebenso auch alle anderen ehrwürdigen Frauen. Wiewohl sie unsäglich weinten, geschah es doch nicht aus Ungehorsam, sonderen aus Liebe, weil sie von ihrem lieben Gotteshause scheiden und ihre lieben Mitschwestern verlassen mußten, was ihnen so unaussprechlich zu Herzen ging, daß auch der ehrwürdige Vater Provinzial über ihre vielen heißen Tränen etwas von Mitleid gerührt wurde ...

... Am 17. April sang man den Frauen ein Amt von unserer Lieben Frauen auf den Weg. Da wurden aber viel mehr Zähren vergossen als Noten gesungen; denn ein unaussprechliches Weinen, Klagen und Trauern war zu beiden Teilen, bei den acht, weil sie scheiden mußten, bei den andern vom Konvent, weil sie ihre liebste, getreueste Frau Mutter, welche der Trost und die Zuflucht für sie alle war, weglassen mußten ...

Was sich mit den Frauen, so zuvor in dem Gotteshaus gewesen, ereignet hat

... Der ehrwürdige Vater Provinzial versammelte den ganzen ehrsamen Rat. Da kamen die alten Frauen, die zuvor im Kloster gewesen waren, und empfingen die selige Stifterin gar demütig; es waren ihrer sieben ... Da sie nun die Frauen ehrsamlich begrüßt hatten, berief der ehrwürdige Vater Provinzial den ehrsamen Rat und die alten Frauen samt den geistlichen Stifterinnen [den neuen Schwestern] und ging mit ihnen in die Konventstube und verlangte ohne Verzug von den früheren Klosterinsassinnen kraft des heiligen Gehorsams, daß sie ihre Ämter und alles, was das Gotteshaus an Geistlichem und Zeitlichem hat, übergäben und offenbarten. Das taten sie sofort gehorsam, wie es verlangt war.

Hernach wurde von dem ehrwürdigen Herrn, dem Vater Provinzial, und dem ganzen ehrsamen Rat den sieben Frauen eine freie Wahl gelassen. Wenn welche die heilige Regel, geistliche Ordnung und ewige Klausur zu halten und anzunehmen wünschten, so sollten sie es drei Monate probieren dürfen, sich hernach erklären und ohne Verzug die ewige Klausur geloben und allen Sonderbesitz aufgeben. Wollten sie solches nicht, dann hätten sie sonder Zögern aus dem Kloster zu gehen und sich je nach Gelegenheit anderswo aufzuhalten. Nachdem dies der hochwürdige Vater gesprochen hatte, erwählte die Älteste, Frau Margaretha Häffin, hinauszugehen. Sie bekam hierzu sofort die Erlaubnis. Die anderen sechs Frauen gaben ihre Schlüssel ab und wollten den dreimonatlichen Versuch machen. Also ward der Tag beschlossen und die Klausur auf ewig bestätigt, am 29. April ... 1480.

Des andern Tags versammelte die selige und neu eingesetzte Frau Mutter Äbtissin Ursula Haiderin ihren untergebenen Konvent und besetzte ihn mit bestem Vermögen mit den Klosterämtern. Sie selbst nahm die größte Bürde auf sich, die Sorge für das Zeitliche, wie hernach gemeldet werden wird. Es waren also vierzehn Frauen beisammen, acht von dem löblichen Gotteshaus zu Valdunen und sechs von den alten Frauen, die sich zu allem Gehorsame gar fleißig einstellten. Allein die heilige Armut und Gemeinsamkeit wollte ihnen zu schwer fallen, und sie konnten mit hartem Verlangen kaum sechs oder sieben Wochen warten, geschweige gar drei Monate. Gott fügte es, daß in kurzer Zeit ein päpstlicher Kommissär und andere angesehene, gelehrte Franziskaner ins Kloster kamen. Diese gingen in die Klausur, und der hochwürdige Vater Provinzial berief die ehrwürdigen Frauen alle zum Kapitel, die dann auch als gehorsame Kinder erschienen. Hierauf verlangte der gnädige Herr Weihbischof, die sechs Frauen sollten erklären, was sie wollten. Vier Frauen traten hervor ... und erklärten rundweg, sie könnten und möchten nicht bleiben. Sie baten deshalb, man solle ihnen ihr Gütlein folgen lassen, sie wollten sehen, wie sie sich anderweg erhalten möchten. Die Herren und Patres sowie der ganze Konvent waren damit wohl zufrieden.

Also gingen die vier Frauen mit der Liebe und Freude des ganzen ehrwürdigen Konvents aus der heiligen Klausur ..., und man gab ihnen alles hinaus, was sie an Kleinodien, Bettzeug, Kleidern, Hausrat und sonst als Eigentum besessen hatten. Nur was sie für das Leibgedinge und die Pfründe gegeben hatten, behielt man zurück, bis sie quittierten.

Es waren noch zwei Frauen übrig, die baten, daß man ihnen die drei Monate, wie anfänglich bestimmt, zum Versuche lasse, dann wollten sie sich erklären. Des war man zufrieden. Nach Ablauf der drei Monate erwählte die eine Frau ... den Austritt. Der gab man dasselbe mit wie den andern fünf Frauen bis auf die Quittierung. ...

Von dem zeitlichen Einkommen des Klosters

Als nun die ehrwürdigen Frauen für ewig in ein enges Haus eingeschlossen waren, hatte man dabei wenig der Stiftung und des zeitlichen Einkommens gedacht, wovon sich die Frauen im göttlichen Dienste aufhalten könnten, da sie nirgends mehr zum Betteln oder zum Erwerb der notwendigen Verpflegung hinkommen durften. Sie hatten mehr auf die geistliche als auf die zeitliche Stiftung gesehen; deshalb sind sie auch von Gott niemals verlassen worden, wie das heilige Evangelium sagt: ‚Suchet zuerst das Reich Gottes; so werden euch die anderen Dinge alle gegeben werden.' Sie gingen also zuerst mit der Klausur und mit strengem, regelmäßigem Gottesdienst bei Tag und bei Nacht an.

Erst zuletzt dachten sie an das Zeitliche. Da war nun freilich wenig vorhanden. Die guten, frommen Frauen hatten keine andere Stiftung, als was jede aus ihnen von ihrer Armut dem Gotteshaus zubrachte, wenn sie in den heiligen Orden eintraten. Das war aber meist gar wenig. Dazu kam nur noch, was fromme, andächtige Leute hie und da zum Troste ihrer Seelen gaben, etwa einen Jahrtag und Gedächtnis für die Verstorbenen, was aber meist mit so schlechtem Almosen geschah, daß es uns in dieser schweren Zeit fast nicht möglich ist, wegen unserer großen Armut und vieler anderer Ursachen halber, unseren Verpflichtungen im Lesenlassen von Messen nachzukommen.

Von diesen zwei Stücken erhält sich unser seligstes Klösterlein noch bis auf den heutigen Tag ohne Stiftungsvermögen in heiliger, großer und empfindlicher Armut. Dabei haben wir einen starken Konvent und einen strengen Gottesdienst bei Tag und bei Nacht.

Zu derselben Zeit aber, da unsere geliebteste und selige Mutter Ursula Haiderin dies liebe Klösterlein reformieren und in Klausur verschließen half ..., war des ganzen Gotteshauses Barschaft nicht mehr als dreißig Pfund. Davon mußte die fromme Frau Mutter gleich zwei Pfund unseren würdigen Vätern zu den Barfüßern für die tägliche Konventmesse geben. ... Es war nämlich dieses gegenwärtige selige Klösterlein nur wie ein weltliches Haus beschaffen, dazu baufällig, eng und finster. So ein Elend und armseliges Wesen wars, daß es kein Wunder gewesen wäre, wenn die Frauen bei ihrem strengen Leben und in ihrem unlüftigen Hause gänzlich erkrankt wären; denn sie hatten nur eine kleine, enge, finstere Stube und Kammer. Ein Schlaf- und Krankenhaus war überhaupt nicht da, noch viel weniger ein Remter, und doch sind diese Stücke alle in einem Kloster mit Klausur höchst notwendig. Darum erlitten die andächtigen, demütigen Frauen mit großer Geduld Frost und Kälte, ja Hunger und Durst. ...

Von einer einfältigen Nonne

In der Diözese Trier liegt das Nonnenkloster Lutzerath. Nach einer alten Gewohnheit wird dort kein Mädchen von über sieben Jahren aufgenommen. Dieser Brauch bürgerte sich zur Bewahrung der Einfalt, die den ganzen Körper leuchtend und klar macht, ein.

In diesem Kloster nun lebte vor nicht gar langer Zeit eine nicht mehr junge Jungfrau. Sie war aber in den Dingen, die die Welt betrafen, noch das reinste kleine Kind, so daß sie ein Tier und einen Weltmenschen kaum unterscheiden konnte. Es fehlte ihr eben aus

Frauen verkörpern den Kampf zwischen Liebe, Hoffnung, Glaube auf der einen, Haß, Verzweiflung und Unglauben auf der anderen Seite. Darstellung auf einem Teppich im Regensburger Rathaus.

der Zeit vor ihrem Klostereintritte her die Kenntnis dieser Dinge.

Eines Tages stieg eine Ziege auf die Mauer des Obstgartens. Als unsere Nonne sie sah und sich gar nicht erklären konnte, was dies eigentlich sei, sagte sie zu einer Schwester, die neben ihr stand: 'Was ist das?' Diese kannte ihre Einfalt und antwortete der Hocherstaunten: ‚Eine Frau von der Welt draußen.' Sie fügte noch bei: ‚Wenn die Weltweiber alt werden, dann wachsen ihnen Hörner und Bart.'

Die Fragerin glaubte dies und wünschte sich Glück, wieder etwas gelernt zu haben."[62]

Neben den Ordensfrauen gab es Stiftsdamen, die ein wesentlich freieres Leben führen konnten als die Nonnen. Allerdings gab es diese Institution nur für Adelige, die genug Geld hatten, sich in ein Stift einzukaufen. Eine besonders strenge Form religiösen Lebens führten die Reklusen oder *Inklusen* (= Eingeschlossene). Dies waren Frauen – auch Männer –, die sich als Einzelne in eine Zelle neben einer Kirche oder einem Kloster einmauern ließen. Diese Zelle wurde nur im Krankheits- oder Todesfall geöffnet – die Verbindung mit der Außenwelt wurde über ein Fenster aufrechterhalten.

Warum drängten so viele Frauen in die Klöster?

Die strengen Bestimmungen für Ordensfrauen wirken auf uns heute nicht sehr einladend.

Es scheint uns verwunderlich, daß so viele Frauen ein solches Leben anstrebten. Und es wundert uns auch, wenn katholische feministische Theologinnen (wie zum Beispiel Katharina Halkes) heute von Autonomie der Ordensfrauen sprechen und das Modell der Frauenklöster zu einer Möglichkeit der Emanzipation erklären. Dies erscheint mir zu einseitig, wenn ich die vielfachen Beschränkungen ansehe, die Frauen – noch mehr als Männer in Orden – dafür auf sich nehmen mußten. Innerhalb dieser Kloster *konnte* sich im Rahmen der Regeln eine gewisse Autonomie entwickeln. Der gesamte Wirkungsradius der meisten Frauen blieb jedoch sehr begrenzt. Die Gehorsamsregel gegenüber der Äbtissin förderte hierarchische Strukturen unter den Frauen – „Mutter" und „Töchter" –, denen viele Frauen sich unterwarfen; für Sado-Masochismus gibt es eine Reihe von Beispielen.

Eltern führen ihre Tochter ins Kloster. Aus: Johann Geyler von Kaysersberg, „Die Brösamlin", 1517.

„Florentina war als sechsjähriges Mädchen ‚auf Bitte und Anreizung ihrer Muhme', der Äbtissin, in das Kloster Neu-Helfta bei Eisleben geschickt worden, der Wirkungsstätte bekannter mittelalterlicher Mystikerinnen, z. B. Mechtilds von Magdeburg und der ‚Großen Gertrud' u. a. Als Vierzehnjährige begann sie schon um Entlassung aus dem Kloster zu bitten, wurde aber zurückgehalten und lebte, in Widerwillen meiner angenommenen Geistlichkeit' ...

Sie versuchte, aus dem Kloster zu kommen.

Ein ihren Oberen zugetragener Brief Florentinas an Luther um ‚Trost, Hilfe und Rat' brachte sie auf zunächst vier Wochen ins Gefängnis. ‚Nach Verlauf der vier Wochen mußte ich im Kapitel dieselbigen meine bekannten Übertretungen vor der ganzen Versammlung über mich ausrufen. Da legt mich die Domina in den Bann, mußte in meiner Zelle verschlossen sitzen, aber bei den kanonischen Horen vor dem Chore knieen, bis zu den Kollekten mich zur Erde niederwerfen. Desgleichen, so oft die Versammlung ein und aus dem Chore ging, mußten sie alle über mich gehen, darin war ich drei Tage.

Darnach setzte sie mich, wie sie es heißen, in den kleinen Bann, da mußte ich mit zu Chore gehen. Aber so oft die Versammlung ein und aus dem Chore ging, mußte ich mich (wie oben) niederwerfen und sie über mich gehen lassen, während des Essens mit einem Strohkränzlein auf der Erden vor der Priorin sitzen; die Buße hielt ich drei Tage.

Indem mußte ich fünf Personen erwählen, die meine Bürgen werden sollten, da mußte ich geloben und schwören, weder mit Worten, Werken noch Schriften irgendetwas mehr zu tun, aus dem geistlichen Stande zu kommen. Das tat ich dann, gab ihnen so gute Worte ich konnte, war aber weder mein Herz noch Gemüt dabei: darauf gab sie mich los von der Buße, doch also, daß ich eine Person hatte mir zuerteilt, die mußte Tag und Nacht acht auf mich haben, bei mir gehen, stehen, sitzen und schlafen. Auch sagte mir die Domina im Kapitel, ich möchte mich nun unter aller meiner Mitschwestern Füße wie eine Gefangene, der man forthin weder traue noch glauben würde, in Demut halten ...

Nachdem ein Brief an einen evangelischen Vetter Caspar von Watzdorf ‚um meine anliegende Not zu klagen' wiederum in die Hände der Äbtissin gekommen war, begann neues Leiden für Florentina.

‚Ich ward durch sie und andere vier Personen mit Ruten gestrichen, daß ihrer keine mehr zu schlagen vermochte. Da setzte sie mich wieder in den Kerker und ließ mir die Beine in eiserne Fesseln legen. Also saß ich fast einen Tag und Nacht, da ließ sie mich von den Fesseln, aber im Kerker mußte ich acht Tage verharren, aber um des Weihnachtsfestes willen wurde ich los, sodaß ich mit zu Chor und ins Refektorium gehen mußte, daselbst ihnen allen zu Spott bei den Schulkindlein stehen, über Tag in der Zelle verschlossen, mit niemand kein Wort reden, keinen Tritt gehen, die Person, die mir zuerteilet, mußte bei meiner Seite gehen: in solche Gefangenschaft sollte ich mich mein ganzes Lebenlang geben usw. ...

Aber Gott, dem alle Dinge möglich, schickte es aus seiner göttlichen Weisheit, gegen welche dieser Welt Weisheit eine Torheit, daß eines Tages nach dem Essen, als ich in meine Zelle ging, die Person, die mich sollte verschließen, die Zelle offenstehen ließ, und ich also vermittels göttlicher, scheinbarlicher Hilfe entkommen noch bei Schein der Sonnen ungefähr um ein Uhr, als viel Personen meiner Mitschwestern in ihren Zellen und auf dem Schlafhause gewesen.' ..."[63]

O weh meiner jungen Tage,
Helft meiner schmerzlichen Klage,
Daß man mich will in ein Kloster zwingen!
Da seh ich dann nimmermeh
Laub, Gras, Blumen und grünen Klee,
noch höre ich der kleinen Vöglein singen.
Das ist meine Not:
Meine Freude ist tot:
Daß man mich will scheiden
Von meinen lieben Freunden:
Ich sterbe in diesem Leide -
 weh, ach weh meiner Klage,
 die ich so heimlich trage.
Schwestern, liebe Schwestern mein,
Nun sollen wir geschieden sein
Von der Welt, des ist das Herz mir schwer.
Darf ich nie mehr Hütchen tragen,
so muß ich wohl mit Rechten klagen,
die ich so gerne in der Welt noch wär.
Eine Haube gar
Auf meinem Haar
Trag ich derweil,
Wie man sie sieht die Nonnen tragen
Zur Kurzeweil.
 Weh, ach weh meiner Klage,
 die ich so heimlich trage.[64]

Caritas Pirkheimer, Äbtissin des Klarissenklosters in Nürnberg, Verfasserin des „Denkwürdigkeiten" – eine Auseinandersetzung mit der dem Kloster oktroyierten Reformation.

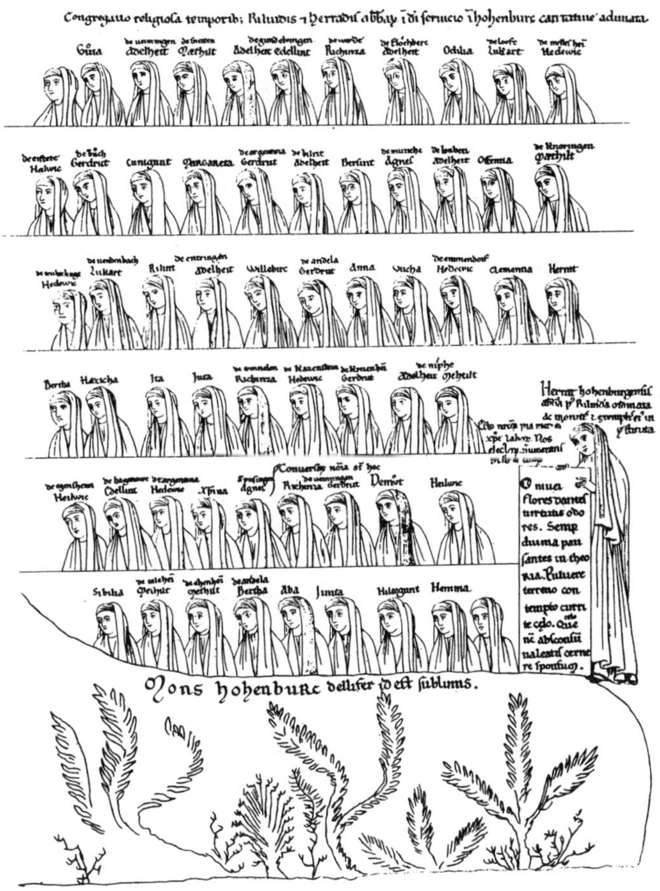

Herrad von Landsberg und alle ihre Mitschwestern. Aus ihrem „Hortus deliciarum", 12. Jahrhundert.

Ganz zweifellos hat es herausragende Äbtissinnen gegeben. Hildegard von Bingen zum Beispiel oder Herrad von Landsberg und Gertrud die Große im frühen Mittelalter oder Caritas Pirckheimer zur Zeit der Reformation. Frauen, die nach außen wirkten, die reisten und sich damit über die Klausurbestimmungen hinwegsetzen konnten. Und es gab sicher auch herrschsüchtige Drachen von Äbtissinnen, die ihre jungen Schwestern schikanierten.

Aber die bedeutenden Frauen waren Ausnahmen, und sie stammten aus Adelsgeschlechtern, Fürsten- und Patrizierhäusern, waren vielleicht manchmal Teil der Politik ihrer Familien oder handelten im Interesse ihres Standes. Klosterregeln konnten für solche Frauen durchaus außer Kraft gesetzt werden.

„Ordensgeneral (Munio) belobt die Schwestern von St. Lambert wegen ihrer Bereitwilligkeit, die Gräfin (Agnes) von Orlamünde aufzunehmen, und verordnet, wie sie im Kloster zu behandeln sei (1289).

Der Ordensmeister an die Schwestern des heiligen Lambert: ‚Durch die Einladung der hochgebornen Frau Gräfin von Orlamünde zum Orden habt ihr ein Gott wohlgefälliges Werk getan. Ich vertraue im Herrn, daß ihr ein solch frommer Eifer zum Verdienste, euch zum Nutzen und dem Nächsten zum Beispiele werden möge. Nehmt sie also auf, wie Christus euch aufgenommen hat. ... Damit später kein Zweifel entstehe, wie sie zu behandeln sei, verordne ich hiermit, daß die Güter, welche sie mitbringt oder die sie durch die Freigebigkeit ihrer Angehörigen haben wird, nicht einzeln verschleudert werden, sondern daß man sie unzerteilt zusammenhalte, bis die Summe so angewachsen ist, daß ihr dafür immerwährenden Landbesitz kaufen könnt. Ausgenommen sei nur, daß die Priorin von den Gütern der Gräfin etwas beiseitelegt, um ihr im Bedarfsfalle davon zu geben. Sie kann dann die Vergünstigungen der Infirmerie genießen, wenn sie nicht mit der klösterlichen Gemeinde speisen will. Sie soll nicht zur Verrichtung von Diensten aufgeschrieben werden, sie soll auf Polstern schlafen dürfen, werde in den täglichen Kapiteln nicht vorgerufen und soll mit Arbeiten nicht beschwert werden. Solches soll ihr und Personen von hohem Stande, ja allen, die von einer feineren Lebensführung herkommen, gestattet werden, ohne daß man es als Regelverletzung betrachte. Da sie eine ganz besondere Vorliebe für eure Kapelle hat, verbiete ich, darin etwas wider ihr Gutdünken zu ändern. Da sich nicht alle leiblichen und seelischen Anliegen der Herrin im einzelnen ordnen lassen ..., so möge dem Provinzialprior der deutschen Provinz anheimgestellt werden, was zu eurem Nutzen und zur Ehre des Ordens zu geschehen hat.' ..."[65]

Wenn wir uns nach den Motiven fragen, die so viele Frauen in die Klöster trieben, so gibt es eine Reihe sehr verschiedener Gründe. Es erscheint mir zu einseitig, entweder nur die Sehnsucht nach dem sinnerfüllten, weltabgewandten religiösen Leben in persönlicher Armut, nach Verlassen der reichen bösen Welt zu unterstellen, wie das bürgerliche Wissenschaftler wie Grundmann tun, oder nur die Hoffnung auf materielle Versorgung für sonst ungesicherte Frauen, wie dies vor allem marxistische Forschung tut (wie Erbstösser/Werner, die die religiöse Frage ausklammern bzw. nur als eine Legitimation der ökonomischen gelten lassen wollen – vom „subjektiven Faktor" ganz zu schweigen).

Die meisten Autoren denken entweder idealistisch oder materialistisch – sie denken niemals aus der Verknüpfung und gegenseitigen Bedingtheit beider Elemente (nicht einmal aus einem *dialektischen* Verhältnis beider, wie es Marxisten doch naheliegen müßte) und schon gar nicht aus der Perspektive der Betroffenen, nämlich der Frauen.

Ich meine, es gab individuelle, ökonomische und religiöse Gründe, wobei die einen oder anderen stärker waren, meist dürfte es sich um ein ganzes Bündel von Motiven gehandelt haben.

– Adelige Frauen konnten keinen Beruf ergreifen; der Platz im Kloster war „billiger" als eine Mitgift.

– Der Frauenüberschuß im Mittelalter minderte die Heiratschancen von Frauen, die Ehe als Versorgungsinstitut fiel aus.

Wenn häufig schon Neunjährige oder Zwölfjährige sich – auch gegen den Willen ihrer Eltern – für das Leben im Kloster entschieden[66], so konnte das daran liegen:

– Sie waren im Kloster erzogen worden und dort entsprechend „vorprogrammiert", entweder durch direkte Einflußnahme oder weil ihnen das Leben im Kloster bekannt war und das unbekannte Leben „draußen" ihnen Angst machte.

– Die Ehe erschien ihnen nicht erstrebenswert. Häufig wurden sie verheiratet, ohne den künftigen Ehemann zu kennen, gegen ihren Willen oder ohne überhaupt gefragt worden zu sein.

– Die ehelichen Praktiken wurden nicht als reizvoll erfahren. (Noch Königin Viktoria von England soll ihrer Tochter bei deren Hochzeit den guten Rat gegeben haben: Schließ die Augen und denk an England!) Sie wurden ja auch nicht positiv dargestellt von der Institution, die Wertvorstellungen prägte, nämlich der Kirche. Die Lust als solche war böse, Fortpflanzung ein notwendig erlaubtes Übel („Eheliche Pflicht"). Das bedeutete auch: viele Schwangerschaften, keinerlei Geburtenkontrolle, hohe Müttersterblichkeit.

Schlagen „nach üblichem Maß" war in der Ehe gebräuchlich und erlaubt.

– Gewalttätigkeit in der Ehe war üblich: Der Ehemann durfte seine Frau selbstverständlich schlagen, „nach dem üblichen Maß", nur töten durfte er sie nicht – es sei denn, im Affekt, wegen Ehebruchs.[67]

– Das Klosterleben bedeutete individuelle Unabhängigkeit von einem einzelnen Mann. Es war auch eine „Scheidungsmöglichkeit", die es für Frauen sowieso kaum und auch für Männer jedenfalls nach kirchlichem Recht nicht gab. (Es gibt eine Reihe von verheirateten Frauen, die plötzlich beschlossen, ins Kloster zu gehen, natürlich immer, weil sie ihr Leben nun Gott weihen wollten – wie ihre Lebensbeschreibungen vermerken. Aber ob dies immer die tatsächlichen und ausschließlichen Gründe waren?)

– Sehr persönliche Motive konnten zum Eintritt ins Kloster führen, wie der Verlust oder die Trennung von ihren Gefährten bzw. Ehemännern. Beispiele dafür sind Heloisa oder Birgitta von Schweden.

– Die theologische Lehrmeinung hatte Jungfräulichkeit als besonders wertvoll erklärt. Eine Jungfrau konnte beinahe die Qualität eines Mannes erreichen. Jungfräulichkeit meint übrigens nicht nur den Zustand der biologischen Unberührtheit, sondern umfassender ein Leben in sexueller Enthaltsamkeit. In diesem Sinne konnten auch Frauen, die mit Männern zusammengelebt hatten, diesen „Stand" der Jungfräulichkeit erreichen. Der Ordens-Status gab Frauen also eine eigene Wertigkeit, die ihnen die Theologie sonst versagte.

– Das Leben im Kloster war eine gesellschaftlich geachtete Alternative. Möglicherweise boten viele Klostergemeinschaften in der Tat ein Stück Emanzipation und Autonomie: Frauen konnten ungestört von Familiensorgen oder Berufstätigkeit studieren, lesen, nachdenken, diskutieren und schreiben. Sie hatten diese Möglichkeit auch gerade dank der Tatsache, daß die Klöster ökonomisch versorgt sein mußten – auch wenn Haus- und Gartenarbeit dazugehörten.

Ihr Diskutieren über geistliche Dinge wurde den Männern bald suspekt: Die erste feministische Theologie entwickelte sich, die sogenannte Nonnenmystik. Sie mißfällt männlichen Theologen bis heute: Erotische Überspanntheit wird vielen Texten nachgesagt – und das finden vor allem spätere Theologen degoutant. Ketzerei warfen die Zeitgenossen vielen mystischen Schriften vor, vor allem immer dann, wenn sie kirchenkritisch waren. Diese Art feministischer Theologie war nicht nur den Ordensfrauen wichtig, sondern auch den religiösen Frauengruppen, die bald den Sammelnamen „Beginen" erhielten. Auf diese Theologie soll darum später noch genauer eingegangen werden, wenn über die Beginen noch einiges zusammengetragen worden ist.

Das Recht über die Lehre hatten männliche Theologen den Frauen immer verwehrt mit Berufung auf das Neue Testament, wo Paulus in dem – damals ihm zugeschriebenen – Timotheusbrief gesagt hatte: „Eine Frau lerne in der Stille und ordne sich voll unter. Zu lehren gestatte ich einer Frau nicht, auch nicht, selbstherrlich einem Mann ins Wort zu fallen." (1. Timotheus 2, 11 f)

Offensichtlich wehrten sich schon damals Männer gegen vorwitzige Frauen, die auch etwas zu sagen haben wollten. Auch in Predigten finden wir Frauen immer wieder eindringlich darauf hingewiesen:

„Von Gott und mir geliebteste Schwestern! Haben wir auch deshalb die Eitelkeit und Lockungen der Welt verschmäht und verachtet und uns vorgenommen, Gott allein in diesem heiligen Orden im Gehorsame Kriegsdienste zu leisten, um für vergänglichen Lohn, den wir geringschätzten, den versprochenen ewigen zu erhalten, so ist unsere Tugend doch nicht echt und nicht vollkommen, wenn wir nicht mit größter Liebe aus ganzer Seele, mit unserem ganzen Sinne, aus allen Kräften und dem ganzen Gemüte das tun, was Gott wohlgefällig und unserem Heile förderlich ist, daß nämlich Gottes Wille wie im Himmel so auch auf Erden geschehe. ... Ihr sagt, das Wort des Heiles sei auf der ganzen Erde vom Norden und vom Meere, vom Sonnenauf- und Untergange gepredigt. Ist da noch Arbeit notwendig? Ja, sie ist nötig, meine Töchter, nötig für die, welche Gottes Wort hören und verkünden. Warum nötig? Wie der arbeitende Landmann zuerst von den Früchten haben soll, so soll auch von den frommen und gottesfürchtigen Personen das vernommene Wort bestärkt werden, so daß es dreißig-, sechzig- und hundertfache Frucht bringe. Wie aber die Predigt durch Wort und Tat geschieht, so soll auch die Bekräftigung der Predigt nicht bloß durch das Geisteswort, sondern auch durch das Beispiel des guten Werkes erfolgen. Wie die Predigt des Wortes allein gebildeten Männern anvertraut ist, damit sich kein Irrtum erhebe, so ist die Predigt des guten Beispieles und des heiligen Werkes nicht nur den Männern, sondern auch den frommen Frauen anheimgegeben. ..."[68]

Die Beginen

Im vorangehenden Kapitel haben wir gesehen, daß ein großer Teil von Frauen aus dem Adel und Frauen aus wohlhabenden Bürgerhäusern sich in Klöster zurückzogen beziehungsweise von ihren Verwandten dorthin gegeben wurden. Der „Run" auf die Klöster verstärkte sich so sehr, daß im 13. Jahrhundert alle Orden die Zahl der Frauen begrenzten – ein „Numerus clausus" für diese Art der Lebensmöglichkeit. Dazu kam 1215 das Verbot, neue Orden zu gründen, die vielleicht mehr Frauen hätten aufnehmen können. Ein Ausweg aus dieser Lage ergab sich für die Frauen dadurch, daß sie erklärten, „freiwillig arm" und keusch zu leben, sei es bei ihrer Familie oder in Gemeinschaften, die klosterähnlich geordnet wurden. Diese „Religiösen Frauen" oder „Freiwillig Armen" wurden später mit dem Sammelnamen „Beginen" bedacht. Noch immer streiten sich die Gelehrten, wie dieser Name eigentlich abzuleiten sei – die allgemeine Meinung geht dahin, ihn von den Al-bigensern (einer als Ketzer verfolgten südfranzösischen Gruppierung) abzuleiten, aber auch von dem Lütticher Priester Lambert de Beghe zu erklären, der mit als erster (gest. 1187) eine Gemeinschaft von – gut situierten – Frauen um sich sammelte, die unter seiner geistlichen Leitung als geschlossene Gemeinschaft zusammenlebten. Schließlich gibt es noch die Meinung, der Name stamme von der graubraunen Farbe ihrer Kleidung (beige).[69] Ursprünglich war der Name „Beginen" ein Spottname für diese Frauen(gruppen) – wie später zum Beispiel der Name „Protestanten" –, aber er wurde bald allgemein und von den Frauen selbst gebraucht. Das männliche Gegenstück der Beginen waren die Begharden, meist Weber, die ebenfalls Konvente gründeten oder als Wanderprediger durch die Lande zogen. Zahlenmäßig fielen sie gegenüber den Beginen jedoch kaum ins Gewicht – in Köln gab es zum Beispiel neben 22 Beginenkonventen nur zwei von Begharden.

Der Sammelname „Beginen" umfaßt sehr unterschiedliche Gruppen von Frauen – entsprechend unterschiedlich ist auch die Zielsetzung der einzelnen Konvente und erst recht der einzeln lebenden oder der umherziehenden Beginen.

Eine grobe Unterscheidung ist die zwischen *seßhaften* und *fluktuierenden, schweifenden* Beginen, die häufig gleichgesetzt wird mit der zwischen orthodoxen (= rechtgläubigen) und häretischen (= ketzerischen) Beginen. Bei genauerem Hinsehen müssen wir aber feststellen, daß die Grenzen fließend sind, insbesondere die religiösen – das heißt, die Unterscheidung zwischen rechtgläubig-seßhaft und ketzerisch-schweifend.

Historisch gesehen ist die frühe Beginenbewegung die der seßhaften Beginen, und sozial gesehen handelt es sich bei ihnen wie schon bei den Ordensfrauen um Angehörige des Adels und vor allem des bürgerlichen Mittelstandes. In Belgien und Nordfrankreich waren es Frauen, die mit den Worten „honestus" und „nobilis" beschrieben werden, oder „von Kondition". Ihre Zielvorstellungen waren vor allem rein religiöse der Kontemplation, des Gebets und der geistlichen Übungen. Die älteste Beginen-Regel von Brügge ca. 1300 bezieht sich nur auf das religiöse Leben.[70] Die Beginen Belgiens und Flanderns haben auch späterhin vor allem diesen Inhalten gelebt. (Beginenhöfe bestanden bis weit in unser Jahrhundert hinein, und noch heute leben in Brügge Dominikanerinnen in Beginen-ähnlicher Tracht in ebendiesen Höfen.) Sie waren Mystikerinnen und teilweise glühende Verehrerinnen der Eucharistie – das Fronleichnamsfest geht auf Anregung einer Begine zurück. Auch wenn diese Beginen später teilweise sich von Handarbeit ernährten, gehört zum Leben in beschaulicher Muße doch eine finanziell gesicherte Existenz. Diese Beginen waren keine von Hause aus Armen.

Auch in den sehr schnell längs der großen Handelsstraßen entstehenden Konventen lebten zunächst keine armen Frauen. Die meisten deutschen Beginen arbeiteten zwar, vor allem im Textilhandwerk, aber auch als Lehrerinnen, als Krankenpflegerinnen oder später als Klageweiber und Leichenwäscherinnen. Die textilen Berufe und Beginen als Erzieherinnen finden wir vor allem in Westdeutschland, längs des Rheins, die pflegerischen mehr in Süddeutschland.

Um einen Begriff davon zu geben, wie rasch sich diese Bewegung ausbreitete, möchte ich einige Zahlen nennen:

1223 gab es in Köln 22 Beginenhöfe mit ca. 2000 Beginen, 1351 in Straßburg 60 Häuser mit 1 190 Beginen, 1295 finden wir solche Gründungen in Berlin erwähnt, 1332 wird in Schweidnitz (Polen) einem Konvent der Ketzerprozeß gemacht.

Im 13. Jahrhundert waren die Konvente Zusammenschlüsse von Frauen, die auch in den bürgerlichen Konventen einen – vielleicht bescheidenen – Besitz einbringen mußten und meist von ihrer Hände Arbeit lebten.

Gemeinsam ist allen Beginen, daß sie sich zu persönlicher Armut und Keuschheit verpflichteten, solange sie als Beginen lebten: Im Gegensatz zu den Ordensfrauen legten sie keine lebenslangen Gelübde ab. Sie konnten die Konvente wieder verlassen, das eingebrachte Kapital bis auf das bis zu diesem Zeitpunkte verbrauchte Geld mitnehmen und heiraten.

Auch einzeln in einer Klause oder zuhause konnten sie als Beginen leben, sich sozusagen als eine solche erklären. Von der Geistlichkeit wurde diese Form aber gar nicht gern gesehen. So verdächtigte das Konzil von Mainz 1261 Frauen der Instabilität, die Keuschheit gelobten und das einfache graubraune Gewand der Beginen anzogen, ohne daß sie gleichzeitig in einem Konvent lebten. Sicherheitshalber wurde auch ihr Eintrittsalter auf 40 Jahre begrenzt, damit sie nicht Anlaß zu Skandalen gaben. In den Konventen durften Kleriker oder Mönche sie nur unter Zeugen in der Kirche sprechen,[71] „man" mißtraute alleinlebenden Frauen!

In der zweiten Hälfte des 13. und im 14. Jahrhundert gab es auch eine Reihe Beginenhäuser, vor allem in den großen Städten, die auf Stiftungen wohlhabender Bürger/innen beruhten und armen Frauen die Möglichkeit boten, dort zu leben und zu arbeiten – die Beginenhäuser wurden zunehmend Versorgungseinrichtungen für mittellose Frauen. Häufig sind es gerade wohlhabende Frauen, wie die Witwe eines

Arzt mit Pflegerin. Häusliche Krankenpflege wurde häufig von Beginen ausgeübt. Holzschnitt, 1531.

Ritters, Kunigunde, die in Straßburg ihr Haus „Zur Kugel" stiftet, damit 16 arme Frauen dort leben können, oder Burga Metzer, ebenfalls eine Witwe, die ihr Haus für 20 arme Beginen zur Verfügung stellt.[72] Die Zahl der Insassinnen wurde meist von den Stiftern festgesetzt und bewegt sich zwischen zwei und 26. In Frankfurt wurden zwischen 1250 und 1350 57 Häuser gestiftet – das entsprach drei Prozent der Häuser der Stadt. In Straßburg waren es 30 Häuser.[73]

Diese Beginenhäuser haben Statuten, die alle ähnlich sind: Es gibt ein Stiftungsvermögen, von dessen Zinsen die Frauen leben. Brauchen sie darüber hinaus Geld, müssen sie es selbst verdienen. Sie wählen eine Meisterin, meist auf ein Jahr, die sie auch wieder absetzen können, und sie entscheiden über Nachfolgerinnen Gestorbener oder Ausgezogener. Sie entscheiden auch, ob einzelne den Konvent verlassen müssen, weil sie sich nicht entsprechend den Regeln verhalten wollen. Die Struktur ist also wesentlich demokratischer als in den Orden, wo die Äbtissin mit weit mehr Befugnissen ausgestattet war.

Statuten des 1394 für sechs Beginen gestifteten Frankfurter Gotteshauses zur Seligenstadt

„Holz, Kohlen und Licht sollen die Schwestern aus den Erträgnissen des Stiftungsvermögens kaufen, und soll das Licht nicht länger brennen als bis Mitternacht. Wenn aber eine länger aufsitzt, soll sie ihr eigenes Licht brennen. Aber Holz und Kohlen sollen die Kinder nutzen, welche Zeit sie wollen. – Auch sollen die Kinder Ausbesserungen ihres Hauses, die über 5 Pfund Heller betragen (soviel hatte der Stifter jährlich dafür ausgeworfen), aus Eigenem vornehmen und den Bau in gutem Stand halten. Wäre es aber, daß das Haus in Jahresfrist einer Ausbesserung nicht bedürfe, so sollen die Kinder, was übrig wäre über die 5 Pfund Heller Gülte, unter sich teilen und für sich verwenden. – Auch sollen die Kinder untereinander lieblich, gütig und einträchtig leben zu aller Zeit mit Worten und Werken und sollen die 5 übrigen der ältesten und ehrbarsten unter ihnen gehorsam sein in allen guten zeitlichen Dingen. – Auch soll ihrer durchaus keine des Nachts außer dem Hause sein ohne Erlaubnis der anderen oder der Ältesten, und diese sollen auch wissen, wo sie des Nachts sein wolle. — Lebte nun eine unfriedlich und wollte davon nicht ablassen, so sollen sie die anderen, wer sie auch wäre, mit Rat und Hilfe eines Kämmerers des Bartholomäusstiftes aus dem Hause treiben, ohne Widerrede ihrer und eines jeglichen. Auch wenn eine täte, was ihr und den Kindern im Gotteshause nicht zur Ehre gereichte, so mans mit Wahrheit vorbringen möchte, die sollte zustund des Hauses verwiesen und nimmermehr darin wohnen. — Auch sollen die 6 Kinder allewege aus ihnen Eine nehmen, die des Hauses gewaltig sei und der Kinder. Wenn auch die Kinder wollten und es ihnen fügte, so möchten sie sie absetzen, doch in redlicher Weise, und eine Andere an ihre Stelle setzen binnen einem Monate, so oft eine abgeht. Entzweiten sie sich aber untereinander, auf welche Seite dann 3 Stimmen fielen, das sollte gelten. — Geschähe es aber, daß jemand Hausrat in das Haus gäbe oder setzte oder daß solcher gegenwärtig darinnen wäre, der sollte darin bleiben, für den Fall, daß ein armes Kind darein käme und solchen nicht hätte, den sollte man ihr dann leihen zu ihrer Notdurft. — Wäre es aber, daß jemand hernach dem Hause eine Gülte setzte, die sollen die Kinder unter sich teilen in gleicher Weise wie die anderen über 5 Pfund Geld. Wenn aber unter den Kindern eine abginge von Todes wegen oder wie das sonst käme, so sollen die übrigen eine andere nehmen an deren Statt in Monatsfrist; würden sie aber unter sich uneins, wen dann drei unter ihnen nähmen, die sollte es sein."[74]

Die im Textilgewerbe tätigen Beginen stellten für die Zünfte oft eine unliebsame Konkurrenz dar — manchmal wurden sie auch als Schwarzarbeiterinnen und damit als Lohndrückerinnen von einzelnen Meistern benutzt. Häufig setzte der Rat der Stadt fest, wieviel Webstühle in einem Beginenhaus aufgestellt werden dürften, wie breit ihre Webereien sein dürften oder daß sie nur zum eigenen Bedarf und nicht für den Verkauf weben durften.[75]

Übrigens sind es nicht nur Männer, die über die Konkurrenz klagen: Speziell die Leinenweberei war ja ein weibliches Handwerk. Auch Frauen beschwerten sich über die Beginen:

Aus dem Dritten Amtsbrief der Kölner Seidmacherinnen v. 20.6.1469:

„§16. Weiterhin sollen alle Seidmacherinnen und diejenigen, die das Seidhandwerk ausüben, kein Seidengut außerhalb Kölns oder an Beginen oder geistliche Personen in Klöstern oder Konventen zum Spinnen oder Bereiten geben. Wenn jemand das obige übertritt und es bekannt wird, so sollen der- oder diejenige sich nicht mehr von dem Handwerk ernähren.

Und darin soll niemandem Gnade erwiesen werden."[76]

Auch lehrende Beginen wurden von männlichen Konkurrenten angezeigt, und ihnen wurde das Lehren verboten.[77]

Insgesamt läßt sich sagen: Die seßhaften Beginen gehörten nicht zu den ganz Armen; wenn sie nicht eigenes Geld einbrachten, mußten sie fähig sein, sich selbst etwas durch Arbeit zu verdienen. Sie strebten nach ökonomischer Selbständigkeit und lebten in selbstgewählter Armut, im 14. Jahrhundert zunehmend auch als ungewollt Arme, jedoch nicht als Bettlerinnen.

Die soziale Lage der vielen verarmten Frauen zu lösen, war jedoch selbst bei der relativ hohen Zahl von Stiftungen nicht möglich. Viele Frauen waren aufs Betteln und/oder die Prostitution angewiesen. Diese Frauen stammten aus den bäuerlichen und Tagelöhner-Schichten — zumindest zu ihrem größten Teil. Die Ehe als Form der Versorgung stand ihnen nicht offen, da sie an Grundbesitz oder den Meisterstatus gebunden war und viele Männer als Priester oder Mönche lebten. Viele Frauen zogen als „fahrendes Volk" zusammen mit Männern durch das Land, begleiteten als Troß Kriegsheere oder ließen sich in Scharen als Prostituierte in den Städten nieder, in denen große Konzile oder Reichstage stattfanden. Beim Konzil von Basel zum Beispiel kamen 1500 Frauen als Prostituierte in die Stadt!

Ein gewisser Schutz für fahrende Frauen bot sich, wenn sie sich religiösen Gruppen anschlossen. Dies waren die sogenannten fluktuierenden oder *schweifenden Beginen,* häufig zusammen mit Angehörigen der „Brüder und Schwestern vom Freien Geiste". Sie erhielten sich vorwiegend vom Betteln. Die Formel „Brot durch Gott" ist kennzeichnend für diese Gruppen. Neben dem Bettel werden sie auch — zumindest gelegentlich — von Diebstahl und Prostitution gelebt haben. Die Anklagen aus der damaligen Zeit — und auch die späteren, die die verschiedenen Gruppen nicht nach ihrer sozialen Zugehörigkeit unterscheiden — sprechen regelmäßig von einem Sittenverfall des Beginenwesens im 15. Jahrhundert. Dabei wird übersehen, daß sich die soziale Lage der allermeisten Frauen in dieser Zeit rapide verschlechtert hatte und ihnen wenig Möglichkeiten zum Überleben ließ.

An den schweifenden Beginen wird nicht nur die Form des Bettels „Brot durch Gott" kritisiert und ihnen befohlen, doch zu arbeiten oder zu betteln „wie andere Christenmenschen",[78] sondern vor allem werden sie der Ketzerei verdächtigt. Allerdings gibt es auch eine Reihe alleinlebender oder in Konventen lebender Beginen, die sich gegen Ketzerei verteidigen müssen — Mechthild von Magdeburg ist ein prominentes Beispiel dafür —, aber die stärkere Kritik und Verfolgung richtet sich gegen die schweifenden Gruppen. Der Gedanke der Selbstvergottung hatte auch in der Mystik der seßhaften Beginen eine Rolle gespielt. Das blieb aber für die Kirche re-

Der Beginenturm in Hannover.

lativ ungefährlich, weil das Einswerden mit Gott in der mystischen Versenkung von *einzelnen* angestrebt wurde, die für sich selber leben wollten. Sobald sich ihre Ideen verbreiteten oder gar sie selbst sie unter die Leute brachten, wurden sie heftig bekämpft. Die Begine Margarete Porete aus dem Hennegau wurde 1310 in Paris dafür verbrannt, weil sie biblische Schriften in die Landessprache übersetzt und ein mystisches Werk verfaßt und verbreitet hatte, in dem sie behauptete, daß die mit Gott geeinte Seele es nicht mehr nötig habe, sich den Tugendübungen der Kirche zu unterwerfen.[79]

Pantheistisch-theologisches Gedankengut wurde gefährlich in den umherschweifenden Gruppen. Es wurde durch die Wanderprediger – hier sind es meist die Männer – weit verbreitet und eben auch in die Klöster und Beginenhäuser getragen, wo es häufig begeistert aufgenommen wurde. Der Bazillus von selbständigem und hierarchiekritischem Denken wurde so weit umhergestreut.

Andererseits entnahmen die mittellosen Fahrenden dem pantheistischen Denken und insbesondere dem Gedanken der Selbstvergottung die Elemente, die ihrer sozialen Lage angemessen waren und die ebendiese Lage rechtfertigten. Wir kennen die Theologie der Brüder und Schwestern vom „Freien Geiste" nur aus Bruchstücken aus den Prozessen gegen Angehörige der Sekte und aus Berichten und Beschlüssen ihrer Gegner. Danach scheint es so, als habe eine kleine Gruppe von Eingeweihten – die „Freien" – sich intensiv mit der Theologie befaßt, während die große Menge sich ihnen anschloß und sich mit dem Ablehnen der Sakramente begnügte sowie sich frei von Gesetzen erklärte, ohne dies weiter zu begründen.

Wenn wir an die Herkunft der meisten Fahrenden denken, ist dies auch ganz erklärlich: Es handelte sich nicht um Bildungsbürger, die Zeit und Muße für theologische Spekulationen gehabt hätten. Selbstvergottung – Sündlosigkeit hieß für sie Freiheit von weltlichen und geistlichen Gesetzen:

Stehlen zum Beispiel war keine Sünde und Straftat; für viele von ihnen wird es lebensnotwendig gewesen sein, wenn Betteln nichts einbrachte.

Arbeit konnte abgelehnt werden; der Sündlose brauchte nicht zu arbeiten – und die Hungerlöhne brachten ihnen wahrscheinlich so wenig ein, daß sie die Mühe kaum als lohnenswert ansahen. „Es ist vollkommener zu betteln als zu arbeiten", erklärten süddeutsche und französische Beginen, schließlich hatten Jesus und die Jünger auch nicht gearbeitet.

Die *Keuschheitsgesetze* bzw. die *Ehe* brauchten nicht eingehalten zu werden; gerade für viele Frauen war Prostitution eine Überlebensmöglichkeit.

Die *Sakramentslehre* der Kirche wurde abgelehnt. Ich vermute, weniger, weil diese Menschen grundsätzlich etwas gegen die Sakramente hatten, sondern weil sie auch zur Bereicherung der Priester und zu ihrer Machtausübung dienten. Für Taufen, Eheschließung, Totenfürbitte mußte bezahlt werden – wovon hätten sie etwas bezahlen können?

Außerdem dienten die Sakramente der sozialen Kontrolle, vor allem die Beichte. Vieles war verboten und mußte gebeichtet werden. Und viele dieser Ver- und Gebote waren im Interesse der Herrschenden erlassen und dienten dazu, die soziale (Un-)Ordnung zu erhalten. Die bestehende ständische Ordnung konnte nur glaubhaft bekämpft werden, wenn die religiösen Instrumente, mit denen diese Ordnung gesichert wurde, als nicht verbindlich erklärt wurden – gerade auch die Sakramente.

Ich habe mich gefragt, warum gerade die Form des Bettels „Brot durch Gott" solchen Anstoß erregte, und bin dahin ge-

Linke Seite: Der Beginenhof in Brügge. Foto: Angelika Herbst

Bei den Beginen. C. Meyer, um 1900. Foto: Ulrike Stelzl

kommen: In diesem „durch Gott“ drückt sich eine moralische Forderung, beinahe schon eine Drohung aus. Die Bettelnden wollen damit sagen: Ihr müßt uns versorgen! Es ist nicht mehr in euren freien Willen gestellt, euch damit gute Werke im Himmel zu erwerben. Es handelt sich um eine Form der Nötigung, die theologisch verbrämt wurde. Und genau das durften sich nur die Herrschenden leisten, die dies auch immer wieder taten: ökonomische Forderungen religiös verbrämen. Außerdem steckt in dieser Formel der Selbstvergottungsgedanke. „Durch Gott“ meint auch: Gott ist in Dir, im Angeredeten.

Kontrolle und Verfolgung

Die Beginenbewegung war insgesamt sehr viel schwerer kontrollierbar als die hierarchisch gegliederten Orden. Zwar war in den Klöstern auch nicht alles so, wie die Ordensregel vorschrieb, aber über die Befehlsgewalt von oben nach unten und die Verpflichtung zum Gehorsam mit der geistlichen Kontrolle über die Beichte ließen sich gefährliche Tendenzen frühzeitig erkennen und eindämmen. Zudem war die Zahl der Nonnenklöster und ihrer Mitglieder begrenzt worden, ausdrücklich auf die Vorstellungen der Mönche hin, die mit der Arbeit in den Frauenklöstern sonst überlastet gewesen wären – und das hieß auch: mit der Aufsicht nicht genügend zugrunde kamen. Ähnliches wie Begrenzung und innere Kontrolle wurde auch mit den Beginen versucht: Die Häuser und ihre Insassinnen waren begrenzt – wenn auch hier durch die nicht ausreichenden Mittel freiwilliger SpenderInnen. Organisatorisch wurde versucht, sie als Tertiarierinnen den Dominikaner- oder Clarissenklöstern anzuschließen – und Beichtväter gab es natürlich auch für die freien Beginenhäuser.

Sehr viel schwieriger waren die frei umherschweifenden Beginen zu kontrollieren, zunächst einfach als Nichtseßhafte, aber dann auch als solche, die die Sakramente – die Beichte – ablehnten. Dabei übersahen die kirchlichen Fürsten, wie der Bischof von Straßburg, der sich besonders intensiv mit dem Problem beschäftigte, keineswegs die Not, in der viele Frauen sich befanden, aber ihre Maßnahmen und Ratschläge waren falsch oder unzureichend. Die Beginen sollten arbeiten oder, wenn sie schon betteln müßten, dies wie „andere Christen“ tun.

Nachdem Beginen- und Begharden-Niederlassungen erlaubt worden waren und sich ungestört etwa 100 Jahre lang entwickeln konnten, wurden die schweifenden Gruppen schon sehr bald – etwa seit 1230, 30 Jahre nach ihrem Entstehen – gemaßregelt. Die Provinzialkonzile von Mainz 1233 und 1239 beschäftigten sich damit. Papst Gregor IX. hatte 1227 Inquisitionsgerichte beschlossen und eingerichtet, die sich mit der um sich greifenden Ketzerei befassen sollten, vor allem auch mit den Brüdern und Schwestern vom freien Geiste.

Mit dem Beginn des 14. Jahrhunderts beginnen die Verfolgungen allgemeiner zu werden. Zu diesem Zeitpunkt gibt es neben den seßhaften schon so viele schweifende Beginen, daß ihre Existenz und ihre Theologie bedrohlich auf die offizielle Kirche wirkten. 1310 wird Margarete von Porete in Paris verbrannt, nachdem ein Ketzerprozeß gegen sie geführt und sie wegen Häresie verurteilt wurde.[80]

1311 beschäftigt sich das Konzil von Vienne ausführlich mit den Beginen. Die Anklage besagt:

1. Daß sie über die Dreieinigkeit und das göttliche Wesen diskutierten und kirchenfeindliche Lehren verbreiteten. Der Beginenstand als ganzer wurde für aufgehoben erklärt.

2. Verschiedene Lehrsätze mystisch-pantheistischen Charakters wurden gesondert aufgeführt und verurteilt, für dessen Verbreitung die Beginen verantwortlich gemacht wurden.[81]

1317 wurden diese Beschlüsse veröffentlicht. Die Weltgeistlichen verfolgten alle Beginen ziemlich unterschiedslos, teilweise auch, um die Bettelorden damit zu bekämpfen, denen sich manche Beginen direkt unterstellt hatten. Für umherziehende Bettelorden-Prediger bildeten Beginen zudem die Laien-Basis.

Die Städte schützten ihre Beginenhäuser – häufig, indem sie die Häuser pro forma als städtisches Eigentum übernahmen. Der Papst Johannes XXII. sah sich gezwungen, in einer neuen Bulle zu unterscheiden zwischen rechtgläubigen und häretischen Beginen einerseits und zwischen den den Bettelorden angeschlossenen Tertiarierinnen und den säkularen Beginen andererseits. Verfolgt wurden nun die häretischen Beginen, deren Ketzerei durch Inquisitionsgerichte festgestellt wurde. Dabei konnte es sich um seßhafte oder um schweifende handeln, wenngleich die Mehrzahl der Verfolgten wohl zu den letzteren zu rechnen ist, weil diese Gruppen entschiedener der Lehre der Brüder und Schwestern vom freien Geiste anhingen.

1332 wurde ein Prozeß gegen einen Beginenkonvent in Schweidnitz (Polen) geführt, von dem die Protokolle erhalten sind. Dabei wurde festgestellt, daß die Verbindungen dieses Hauses sich quer durch Deutschland über Görlitz, Erfurt, Leipzig bis nach Aachen erstreckten. Aus den folgenden Protokoll-Auszügen wird deutlich, wie kirchenkritisch diese Beginen dachten. Eine Begine wird über die Meisterin und über Mitschwestern befragt:

„... Auch hört sie von ihnen, daß sie sagen: ein Mensch kann nur so (durch Armut, E. S.) Fortschritte machen, daß er vollkommen wird. Und diejenigen, die im Zustand der Vollkommenheit und vom Geist der Freiheit seien, brauchten niemandem gegenüber gehorsam zu sein."

„So schwor Adelheid, daß sie aus dem Munde Gertruds ... diese Worte gehört habe: Wenn Gott alles geschaffen hat, so habe ich für ihn alles geschaffen und habe alles mit ihm geschaffen; und ich bin Gott mit Gott und bin Christus und ich bin mehr."

„... Sie sagte auch, daß jemand im Zustand der Vollkommenheit keinem Menschen Gehorsam schuldig sei. ..."

„Wenn es unser heiliges Recht (oder: unsere heilige Pflicht) ist zu predigen, sollten wir weniger wissen als die vielen Priester und Gelehrten ... [?] Sie hatten ihr auch gesagt: Wenn du stirbst in dem Willen, bei uns zu bleiben, so wird deine Seele niemals ins Fegefeuer kommen."

„Sie beschwor auch, daß sie gesagt hatten, es sei besser, zuhause für die Armen zu arbeiten auch an Sonn- und Festtagen, als viel in die Kirche zu gehen und zu beten.

Sie sagte auch, daß sie gesagt hätten, ihre geistliche Rede sei kräftiger als die der Priester. Denn wenn die Priester Christus im Brot einschließen könnten, so können wir ihn in unser Herz einschließen. Und die Reden aus dem Herzen überträfen die Reden aller Priester, da sie ja ohne Sünde seien und keine Sünde verübten."[82]

Die Vollkommenheit beziehungsweise Gott-Gleichheit hat zur Folge die Ablehnung des *Gehorsams* oder der Lehre vom Fegefeuer – eine einträgliche Geldquelle der Kirche durch den Ablaßhandel. Zusätzlich nehmen die Frauen ganz offen das Recht für sich in Anspruch zu predigen, und bezweifeln die Überlegenheit männlicher Kollegen.

Mann und Frau in einer Badewanne. Aus einem deutschen Märchen, Augsburg 1480.

1366-78 werden alle Beginen wieder in großem Stil verfolgt, verurteilt, exkommuniziert und verbrannt; ihr Besitz wird beschlagnahmt, verkauft oder in Inquisitionsgefängnisse umgewandelt.

Zu diesem Zeitpunkt schaltet sich neben der geistlichen auch die weltliche Macht entschieden ein: Kaiser Karl fordert 1367 durch ein Mandat geistliche und weltliche Herren, vor allem aber die Städte auf, die Inquisition zu unterstützen. Etwa zur gleichen Zeit finden eine Reihe von Handwerkeraufständen statt, getragen vor allem von den Gesellen. Sie wehren sich gegen die Frauen, die ihnen die Arbeitsmöglichkeiten schmälern. Wir haben bereits gesehen: Die Frauen in den Handwerken werden von da an systematisch zurückgedrängt. Es erscheint mir nicht zufällig, daß gerade zu dieser Zeit auch die Verfolgung der seßhaften, arbeitenden Beginen betrieben wird.

Einer der Inquisitoren, Walter Kerlinger, wurde durch Urban V. 1364 für Deutschland bestellt. Kerlinger hat allein in Erfurt zwischen 1367 und 1369 400 Beginen verurteilt – 200 davon verbrennen lassen, 200 mußten Bußkreuze tragen – neben vier Begharden, die ebenfalls verbrannt wurden.[83]

Das Protokoll über das Verhör eines Begharden wurde herausgegeben und übersetzt. (Bei einer Relation von 400 Frauen zu vier Männern fragt frau sich: Warum wurde nicht ein Frauenprotokoll ausgewählt? Bei der Pedanterie der damaligen Zeit in bezug auf Protokolle sind zweifellos solche auch über die Frauenprozesse angefertigt und in Bibliotheken und Archiven aufbewahrt worden – ein lohnendes Gebiet für Frauenforschung.)

Interessant an dem Beghardenprotokoll ist die Stellung zur Sexualität. Sexualität wird von dem Angeklagten ausdrücklich positiv gesehen, die Auffassung davon ist andererseits stark männlich bezogen und frauenverachtend. Der Vorrang und das Ideal der Jungfräulichkeit werden noch immer grundsätzlich bejaht, wenn davon die Rede ist, daß eine Frau durch den Geschlechtsverkehr mit einem vollkommenen Sektenangehörigen wieder ihre Jungfräulichkeit erlangt.

„Desgleichen führte er über den 6. Artikel, der beginnt: ‚Sechstens, daß in den Handlungen...' usw. aus, daß ein freier Geist sündlos wiederkehrt und tun und lassen kann, was er will und ihm beliebt. Neigt seine Natur zum Geschlechtsakt, dann darf er ihn mit seiner leiblichen Schwester oder Mutter an jedem Ort, auch auf dem Altar, vollziehen. Er sagte, es wäre natürlicher, diesen Akt mit der leiblichen Schwester zu pflegen als mit einem anderen Weibe wegen der Gleichartigkeit der Natur. Er fügte hinzu, daß ein vollkommener Freier von sich aus die Tugenden in der Hinsicht entläßt, daß ein freier Mensch unter keinem Gesetz steht und weder an Kirchenstatuten noch an irgendwelche Vorschriften gebunden ist, weil er frei im Geiste sei, d. h. eyn frey geist, was dasselbe bedeutet wie ‚freier Mensch'. An Statuten und Vorschriften der Kirche müßten sich nur die groben Menschen halten, d. h. Menschen, die unter dem Gesetz leben, in der Volkssprache ‚under den gesetzzen', die er selbst grobe Menschen nennt.

Auch sagte er, daß dadurch, daß er fleischlich seine leibliche Schwester erkannte, diese nicht weniger Jungfrau sei noch die Keuschheit verliere, sondern vielmehr reiner werde durch die fleischliche Umarmung. Ebenso bemerkte er, daß bei seiner Vermischung mit einem Mädchen weder er noch das Mädchen die Jungfernschaft verlören, sondern sie erlange vielmehr die verlorene Jungfernschaft, deren sie durch andere beraubt worden sei, durch ihren Umgang mit einem freien Menschen, welcher auf einer Vollkommenheitsstufe stehe wie er, wieder. Er führte das Beispiel von den zehn Männern an, die ein Mädchen fleischlich erkannten, wobei einer an Körpermaßen und Geschlechtsteilen größer als der andere ist und der größere sich das Mädchen zuerst nimmt, dann die übrigen bis zum letzten, der kleiner oder der Kleinste von ihnen allen ist. Falls dieser ein Freigeist ist und sie als letzter nimmt, dann wird das Mädchen ihre durch die anderen geraubte Jungfernschaft durch ihn zurückbekommen. Weiter fügte er hinzu, daß es sich bei den Weibern wie mit Kälbern oder Ochsen verhalte, die zum Bedarf der Menschen geschaffen sind, damit sie ihnen als Nahrung dienen, so seien Weiber zum Gebrauch jener geschaffen, die sich im Zustand der Freiheit des Geistes befinden."[84]

Nach erneuten Vorstößen der Städte, doch Unterschiede zwischen den Beginen zu machen, begann eine dritte allgemeine Verfolgungswelle um 1400. Ende des Jahrhunderts, 1487, erscheint der Hexenhammer von Sprenger und Institoris: Ketzerprozeß und Hexenprozeß verschmelzen. Von dieser Zeit an dürften viele Beginen als Hexen verfolgt und verbrannt worden sein. Die noch verbliebenen Beginenhäuser werden in Deutschland im Zuge der Reformation aufgelöst. Allein in Belgien und Holland konnten sich Konvente noch bis in unser Jahrhundert halten.

Kupferstich von Johan Legers, 1750.

Frauenmystik – Feministische Theologie des Mittelalters

Mystik ist zunächst einmal nichts Frauenspezifisches, nicht einmal etwas spezifisch Christliches. Aber ich meine, daß Frauen eine besondere Neigung zur Mystik entwickeln, insofern Mystik meist als Korrektiv zu stark formelhaft-dogmatischen Elementen von Religionen sich bildete und bildet, zugleich auch im Gegensatz zu stark rationalen Strömungen, obwohl es in der Mystik selbst auch sehr rationale Züge geben kann – zum Beispiel bei Meister Eckart. Entscheidend ist das persönliche Einswerden mit Gott oder die reine Gotteserkenntnis, immer von einzelnen. Dieses Einswerden kann sowohl ein Gotteserlebnis mit einem personal-menschlich vorgestellten Gott oder ein Auslöschen der eigenen Person ins „Nichts" sein – bei der Frauenmystik überwiegt meist das erstere, wie wir an den folgenden Texten noch sehen werden.

Alle Mystik barg in sich den Kern der Kirchenkritik, insofern sie die *persönliche* Schau, das individuelle Einswerden mit Gott in der Meditation zum Ziele hatte. Die Mittlerschaft der Kirche in Gestalt ihrer Priester wurde damit unnötig. Nicht die Einhaltung von Regeln – Teilnahme an Gottesdiensten, Beichte, Abendmahl und der Glaube an bestimmte Lehrsätze – stand im Zentrum, sondern die unio mystica, die mystische (Ver-)Einigung mit Gott. Allerdings spielt das Abendmahl gerade in bezug auf die Unio Mystica eine entscheidende Rolle für Frauen.

Auch wenn die Autorität der kirchlichen Amtsträger in bezug auf Lehre und Sakramentsverwaltung anerkannt wurde, blieb Mystik ketzereiverdächtig und wurde als Bedrohung empfunden. Selbst berühmte Mystiker, wie Meister Eckart, ein Dominikaner und Professor der Theologie, wurden der Ketzerei beschuldigt – wieviel ungeschützter waren dagegen die „ungelehrten" und unbekannten Frauen!

Nonnen und Beginen haben eine eigene theologische Literatur entwickelt, die meist als „Nonnenmystik" bezeichnet wird. Wir könnten sie heute als die erste feministische Theologie bezeichnen. Sie ist aus der Situation der betroffenen Frauen heraus entwickelt, eine Art Befreiungstheologie, insofern Frauen hier *Subjekt* ihrer Theologie sind, als Seherinnen, die in ihren Visionen ihre eigenen Empfindungen als Frauen ausdrücken, als Mütter oder als Geliebte. Es sind nicht trockene dogmatische oder ethische Lehrsätze, die sie formulieren, sondern religiöses Erleben. Da allerdings, wo die Befreiung aus den traditionellen Rollenzuschreibungen für Frauen nicht nur auf das Innenleben zielte, sondern auch eine soziale Stoßrichtung bekam, wurde sie sehr schnell verketzert.

„Nonnenmystik" bezieht die Mystik der nicht in Klöstern lebenden religiösen Frauen, der Beginen, mit ein. Wir haben gesehen, daß die Grenzen zwischen diesen Frauengruppen fließend waren, oft nur bestimmt davon, daß das Leben im Orden einem großen Teil von Frauen verwehrt war, aus ökonomischen Gründen oder weil die männlich bestimmten Orden sich weigerten, weiterhin Frauen aufzunehmen.

Wir haben auch gesehen, daß der Entschluß, als Nonne oder Begine zu leben, von sehr verschiedenen Motiven bestimmt sein konnte. Einen Vorteil bot das abgeschiedene Leben im Kloster oder Konvent in jedem Fall: die Möglichkeit, lesen und schreiben zu lernen und sich – in unterschiedlichem Maße – das Wissen der Zeit anzueignen. Ungestört von Ehefrauen- und Mutterpflichten oder harter Berufstätigkeit – vielleicht auch allem zusammen – konnten diese Frauen sich ihren Studien widmen und das Gelernte umsetzen in eine neue Sprache.

Diese Sprache war eine weibliche, und die Erfahrungen von Frauen, insbesondere ihre eigenen Erfahrungen, flossen ein in ihre literarischen Werke. Auch eine andere sprachliche Ebene ist wichtig: Zunehmend schrieben diese Frauen nicht in der Theologie- und Kirchensprache Latein, sondern in ihren eigenen Landessprachen. Dies hing sicher auch damit zusammen, daß sie gar kein oder nur bruchstückhaftes Latein gelernt hatten – sie sollten es auch gar nicht lernen, Männer wachten in der Regel eifersüchtig darüber, daß Mädchen und Frauen kein Latein lernten, und beschrieben dann mit Häme, daß dieses oder jenes von ihnen ins grammatisch Korrekte übersetzt oder korrigiert werden mußte, weil die Frauen ja ein so schlechtes Latein schrieben. Aber es ist auch denkbar, daß manche Frauen gar keinen Wert darauf legten, diese Herrschaftssprache zu benutzen, die ja auch dazu diente, sich abzugrenzen vom gemeinen Volk und eine Theologie zu betreiben, die von Alltäglichkeiten in keiner Weise betroffen war. Frauen mit Lateinkenntnissen bemühten sich, biblische Texte in ihre Landessprache zu übersetzen, und wurden dafür heftig verfolgt. Möglicherweise wollten sie sich nicht mit den herausgefilterten Bibelstellen abfüttern lassen, die ihnen durch die Predigt nahegebracht wurden – und häufig waren dies frauenfeindliche und disziplinierende Texte –, sie wollten selbst Einblicke in das Ganze bekommen und diese Einblicke auch anderen vermitteln, indem sie übersetzten.

Nicht nur einzelne Ausnahme-Frauen haben sich theologisch-mystisch geäußert – aber kaum eine Kirchengeschichte nennt ihre Namen, bis auf die bedeutendsten unter ihnen, Hildegard von Bingen und Mechthild von Magdeburg, manchmal noch Gertrud von Hackeborn. In einigen Sätzen ist dort oder in Spezialaufsätzen von diesen Frauen die Rede – manchmal kennen wir nur den Namen eines Klosters, aus dem ein bestimmtes Buch stammt. Viele Werke sind zwar von den fleißigen Gelehrten vor allem des vergangenen Jahrhunderts herausgegeben worden, aber nur sehr gelegentlich sind sie übersetzt worden. Möglicherweise ist ja manches zu Recht als zweitrangig vergessen, und Meister Eckart ist wirklich bedeutender. Aber einmal bliebe dies erst noch zu untersuchen – und unter einer feministischen Fragestellung könnten Frauen-Bücher aufschlußreicher sein. Außerdem: Meister Eckart war Prediger vorwiegend in Dominikanerinnen-Klöstern. Immer wieder wird gesagt, er habe diese Theologie den Nonnen vermittelt – *könnte* es nicht gerade umgekehrt

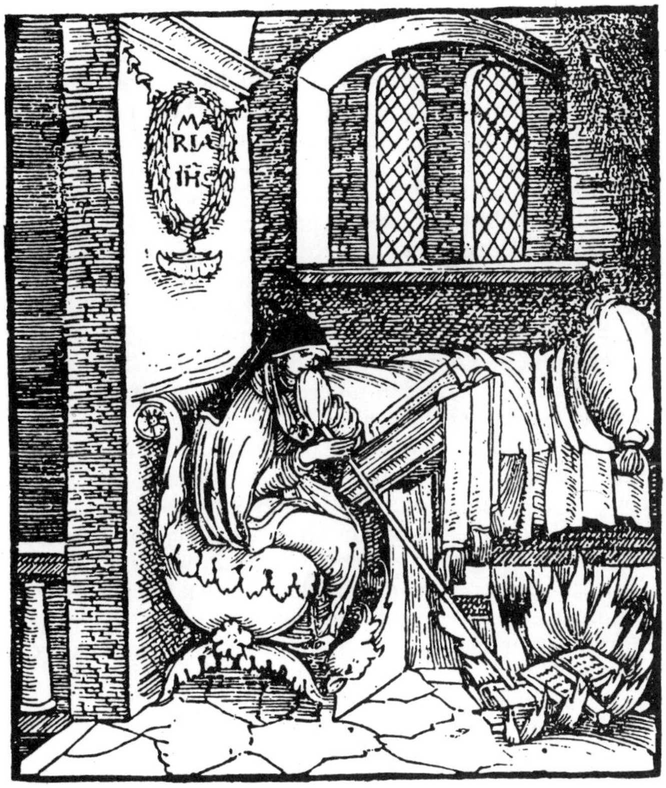

Reformatorische Flugschrift von 1526, die gegen das Klosterleben polemisiert. Im Bild verbrennt eine Nonne die Schriften Luthers.

sein? Meister Eckart hätte dann in seinen Predigten die Dinge aufgegriffen, die den Frauen wichtig waren, und in Bildern und einer Sprache gesprochen, die ihnen unmittelbar zugänglich war (was von einer guten Predigt ja bis heute erwartet wird!).

Nicht umsonst ist diese Mystik in den Frauen- und Beginenkonventen so verbreitet gewesen und in andere Landessprachen übersetzt worden.

So haben wir zum Beispiel Mechthild von Magdeburgs Werk vollständig nur in einer oberdeutschen Handschrift aus dem Kloster Einsiedeln in der Schweiz – ziemlich weit entfernt von Magdeburg unter den damaligen Reisebedingungen! Und Handschriften waren teuer und mühsam in der Herstellung.

Die Begine Margarete von Porete hatte ihr Buch „Spiegel einfacher Seelen" in ihrer Landessprache, französisch, geschrieben; damals wurde es ins Deutsche, Englische, Lateinische und Italienische übersetzt – ein Beweis für die außerordentliche Verbreitung und Beliebtheit. Jahrhundertelang blieb das Buch verfemt und vergessen. Erst in den letzten Jahren werden zunehmend Mystikerinnen wieder entdeckt und übersetzt[85], so auch der Text Margarete Poretes.[86] Einige Passagen werden im Kapitel „einzelne Mystikerinnen" zitiert.

Daß vieles davon totgeschwiegen wurde, hängt auch mit den Inhalten zusammen: Einmal passen viele der gebrauchten Bilder nicht in männlich-theologisches Denken, und zum anderen wird die ausgesprochen erotische Sprache vor allem der Mystik des 13. und 14. Jahrhunderts abgelehnt. Entweder bezeichnen männliche Theologen dies heute noch als verklemmte Sexualphantasien unbefriedigter Frauen oder als reine Poesie – Theologie ist es natürlich niemals! Hildegard von Bingen wird das Charisma der Prophetie zugebilligt, eine Gottesgabe: die seherische Schau. Aber keinesfalls handelt es sich um Theologie, denn die durfte nur von Männern gemacht und gelehrt werden. (Für Prophetinnen gab es ja immerhin biblische Beispiele.)

Und wo diese Männer-Theologen als Personen sprechen, als Leidende, als Menschen mit ganz bestimmten Erfahrungen, verstecken sie sich sorgfältig hinter „objektiven" theologischen Lehrsätzen, die unter Umständen fatale Wirkungen für die Späteren entfalten können – insbesondere für Frauen. Der Briefwechsel von Abaelard und Heloisa ist ein gutes Beispiel für die unterschiedliche Betrachtungsweise durch Frauen und Männer.

Daß sexuelle Verdrängungen von Männern auch zur Herausbildung der offiziellen Mariologie geführt haben, danach wird seltener gefragt.

Oder daß die Forderung nach dem zölibatären Leben und seine hohe Bewertung aus Paulus' persönlichen Schwierigkeiten damit abgeleitet werden könnten (im 1. Korinther 7,6 ff. „empfiehlt" Paulus: „Ich wollte wohl lieber, alle Menschen wären, wie ich bin ..., den Ledigen und Witwen sage ich, es ist ihnen gut, wenn sie auch bleiben wie ich. Wenn sie sich aber nicht können enthalten, so lass sie freien; es ist besser freien, als von Begierde verzehrt zu werden."), davon darf erst recht nie die Rede sein.

Visionäre Schau und Prophetie war die den Frauen allein erlaubte Art der Theologie. Prophetinnen kannte die Bibel, aber zu lehren war einer Frau nicht gestattet. Das stille Leben in den von Frauen bevorzugten Dominikanerinnen-Klöstern begünstigte diese Art der Gottes-Erlebnisse. Aktives, nach außen gerichtetes Leben war nicht erlaubt, Fixpunkte für Tag und Nacht bildeten die Stundengebete – oft acht Stunden täglich –, Gesang, persönliche Lesungen, Meditationen, Ge-

Der Mensch im Kosmos. Aus den Visionen der Hildegard von Bingen.

bete. Körperliche Arbeit – auch im Kloster – war den Dominikanerinnen nicht wichtig – sie wollten „heilig" leben. Eben weil ihre Theologie eine Erlebnis-Theologie war, lebten sie in den Stationen des Kirchenjahres Minne und Passion. Sie litten mit Jesus in der Passionszeit bis zu heftigen Wein- und Schreikrämpfen oder zu Stigmatisierungen (Erscheinen der fünf Wundenmale Jesu an ihren Körpern). Sie fühlten sich erfüllt durch die Worte des Engels „Der Heilige Geist wird dich überschatten", erlitten mit Maria ihre Schwangerschaft und gerieten in geburtsähnliche Zustände. Von und über Margarete Ebner (erste Hälfte 14. Jh.) wird solches berichtet. Aber sie ist nicht die einzige, die von sich behauptet, das Jesuskind zu stillen. Schon im 13. Jahrhundert hatten schwärmerische Nonnen aus dem schwäbischen Ries ähnliches für sich in Anspruch genommen und waren deshalb der Ketzerei verdächtigt worden.

Sicher hat das Klosterleben in dieser Form ein Über-Spannt-Sein begünstigt. Aber die Grenze zu psychischen Krankheiten dürfte wohl fließend gewesen sein. Oft wird von Mystikerinnen berichtet, sie seien als kränkliche Kinder ins Kloster gekommen oder seien häufig krank gewesen – seelische Krankheiten waren nicht ausdrücklich erwähnt. Ekstatische Zustände werden jedoch auch von den Zeitgenossen für geistesgestörte gehalten. Letzteres konnte leicht zu Ketzereiverdacht führen – Jahrhunderte später noch beklagt der Mediziner Weyer, daß so viele „verwirrte" Frauen als Hexen verbrannt würden.

Ein körperlich-seelisches Erlebnis stellte die *Eucharistie* dar: die katholische Lehre, daß sich die Hostie in den *Leib* Christi *verwandele,* besiegelte für viele „Bräute" Christi beim Empfang der Hostie die mystische Vereinigung mit dem „Bräutigam" Christus. Es gab Klöster, in denen der Empfang auf wenige Male im Jahr beschränkt werden mußte, um nicht allzuviel Emotionalität aufzurühren.

Oft beklagten sich Frauen, daß ihnen die von ihnen häufig gewünschte Kommunion verweigert, „der Leib ihres Herrn vorenthalten" würde.

Bei vielen Mystikerinnen geht die Brautmystik einher mit einer *Passionsmystik* – Frauen konnten und durften *leiden,* um heilig zu leben. Eng damit verbunden ist die Selbstkasteiung durch übermäßiges Fasten oder das Tragen von „härenen Hemden". Die Heilige Hedwig und Elisabeth von Thüringen werden dafür gerühmt, weil sie es gegen die Wünsche ihrer Ehemänner und die Sitten des Hofes „heimlich" durchsetzten. Selbstkasteiungen bedeuten aber häufig uns heute masochistisch anmutende Praktiken, wie das Tragen von dornenbewehrten Bußgürteln oder das Auspeitschen. Zwar sind solche Bußpraktiken nicht auf Frauen beschränkt, da die in Klöster eingeschlossenen Frauen aber wenig andere Möglichkeiten hatten, ihre Aggressionen nach außen zu kehren (Demut galt als die Wurzel der Tugenden für Ordensfrauen) und Leiden als heilig galt, waren Kasteiungen bei ihnen besonders häufig anzutreffen. Christine Ebner schreibt:

„Und sie dachte auch daran, daß Gott sie hieß, sie solle sich aller Dinge entblößen. Und das verstand sie auch in dem Sinn, daß er wolle, daß ihr ganzer Leib versehrt werde. Und so zog sie ihr Gewand ab und nahm ihre körperliche Bußübung vor, angefangen an der Kehle, und versehrte ihren ganzen Körper mit Schlägen, so fest sie nur schlagen konnte, so lange, bis sie die Hand nicht mehr zum Schlag erheben konnte. Und so nahm sie dreimal 500 kräftige Schläge, die kleinen nicht mitgezählt ...

Und sie nahm ihre Brust und rieb sie an einer Igelhaut, bis die Haut blutend abging. Und als sie vor Schmerz verzagen wollte, dachte sie an die Marter unseres Herren, und danach tat sie es noch dreimal, der heiligen Dreifaltigkeit zu Ehren."[87]

Christine Ebner (1277-1356) geht als zehntes Kind einer Nürnberger Patrizierfamilie ins Kloster Engelthal. Obwohl sie viele male (tod-)krank war, ist sie im Kloster fast 80 Jahre alt geworden, zu ihrer Zeit eine Autorität: „Da kam der Römische König Karl zu ihr und ein Bischof und drei Herzöge und viele Grafen, die knieten vor ihr nieder und baten sie, daß sie ihnen zu trinken und den Segen gebe."[88] Sie kannte die „Offenbarungen" Mechthilds und predigte zu den Ereignissen ihrer Zeit. Mit ihren Kasteiungen hat sie Anstoß in ihrem Kloster erregt, einmal, weil sie ein lebender Vorwurf für die anderen war, abe auch, weil sie zumindest die strenge Einhaltung der Regeln für alle ihre Mitschwestern forderte. So drohte sie Priorin und Subpriorin einmal mit einem Traum von Gottes Strafgericht, weil sie nicht streng genug auf die Einhaltung der Klosterregeln achteten.[89]

Buße – das bedeutete damals (und auch heute noch) Askese und körperliche Selbstbestrafung. Daß der Begriff Buße eigentlich „Umkehr" meint, Umkehr zu einem Leben in – sozialer – Gerechtigkeit, ist von Theologen über die Jahrhunderte hinweg verbogen worden. Über Jahrhunderte glaubte man an die Besserung von Menschen durch körperliche Strafe: Kinder, Ehefrauen und Untergebene wurden geschlagen – warum sollte man sich nicht selbst schlagen und dadurch bessern?

Einzelne Mystikerinnen

Im folgenden will ich versuchen, anhand von ausgewählten Beispielen das Zentral-Motiv einzelner Mystikerinnen zu zeigen und damit zugleich eine Linie, die zur Bekämpfung und Verbrennung wegen Ketzerei führte. Gleichzeitig sollen diese Texte etwas über das Verständnis dieser Frauen zum Verhältnis von Frauen und Männern zeigen.

Leider muß ich mich auch auf verhältnismäßig bekannte und zugängliche Texte beschränken.[90]

Elisabeth von Schönau lebte von 1129 bis 1164. Als Zwölfjährige trat sie ins Dominikaner-(Doppel-)Kloster Schönau ein und wurde 1257 Meisterin dort. Ab 1252 schrieb sie ihre Visionen und Briefe, insbesondere Gedichte über die Himmelfahrt Marias und die Ursula-Legende – ausgesprochen frauenbezogene Themen also. Elisabeth hatte eine außerordentliche Breitenwirkung, 150 Handschriften mit ihren Texten sind erhalten. Sie war zu ihrer Zeit bekannter als Hildegard von Bingen.

Christine und Margareta Ebner gehörten zum Kreis der „Gottesfreunde" in Süddeutschland. Christine (1277-1356) trat, ebenfalls als Zwölfjährige, ins Dominikanerinnen-Kloster Engeltal bei Nürnberg ein und wurde dort 1345 Priorin. Sie schrieb das „Büchlein von der Gnaden Überlast", eine Chronik des Klosters Engeltal, und eigene Visionen.[91]

Margareta, jung ins Kloster Medingen bei Dillingen eingetreten, schrieb ihre „Offenbarungen" und wechselte eine Reihe von Briefen mit Heinrich von Nördlingen.

Drei Frauen – neben Mechthild von Magdeburg, die später auch dorthin zog – prägten das Kloster Helfta bei Eisleben: *Gertrud I. von Hackeborn* (1232-92), seit 1251 Äbtissin des Zisterzienser-Klosters, ihre Schwester *Mechthild von Hackeborn* und Gertrud die Große (1256-1302), die seit ihrem fünften Lebensjahr im Kloster Helfta von Gertrud von Hackeborn erzogen wurde.

Unter den Niederländerinnen sind vor allem die Beginen *Blommaerdinne* (gest. 1335), eine Mystikerin aus Brüssel,

Der Turm der Kirche. Aus Hildegard von Bingens „Scivias".

Schwester Hadewych (erste Hälfte 13. Jahrhundert) und *Juliana von Lüttich* (1193-1258) bekannt. Juliana, eine Augustiner-Nonne, stiftete das Fronleichnamsfest, ein Fest, in dessen Mittelpunkt die Hostie steht, der „Leib des Herrn". Mir scheint ein Zusammenhang zwischen diesem Hervorheben des Abendmahls und weiblich-mystischem Erleben und Fühlen zu bestehen: Die sinnliche Vereinigung mit Christus durch das Abendmahl entspricht weiblichem, ganzheitlichem, den Körper einschließendem – Empfinden.

Zu den niederländischen Mystikerinnen gehört auch *Christina von Stommeln.*

Italienische und spanische Mystikerinnen des 14. und 15. Jahrhunderts sind vor allem *Katharina von Siena, Katharina von Genua* und *Theresa von Avila.* Mit ausführlichen Textproben möchte ich vier Mystikerinnen vorstellen: Hildegard von Bingen, Mechthild von Magdeburg, Margarete Porete und Schwester Katrei aus Straßburg.

Hildegard von Bingen

Hildegard wurde als zehntes Kind einer alten Adelsfamilie 1098 bei Alzey in der Pfalz geboren. Schon früh hatte sie Visionen – sie selbst berichtet später, seit ihrem fünften Lebensjahr. Die Achtjährige wird mit einer Klausnerin eingemauert in einem Anbau zu einem Mönchskloster auf dem Disibodenberg. Wir haben an anderer Stelle gesehen: Für Adelsfamilien war es damals üblich, die nicht zur Heirat und zum Erben bestimmten Kinder ins Kloster zu geben, meist schon als sehr junge Kinder. Hildegard lernt in der Klause Psalmensingen und weibliche Handarbeit.

1136 wird sie die Nachfolgerin Juttas auf dem Disibodenberg, gründet aber 1147 ein eigenes, ausschließliches Frauenkloster auf dem Rupertsberg gegenüber. In dieses ihr Kloster hat sie ganz bewußt nur adelige Frauen aufgenommen.

Im Laufe von zehn Jahren (1141-51) schrieb sie ihr erstes großes Buch „Scivias" (Wisse die Wege), „weil es auf dem Wege des 'lebendigen Lichts', nicht durch irgendwelche andere Belehrung hervorgebracht wurde".[92]

Eigentlich wollte sie gar nicht schreiben – in einem Brief an Bernhard von Clairvaux, den „starken Löwen der Wissenschaft", bezeichnet sie selbst sich als „armseliges Weibsbild". Aber die von ihr vernommene göttliche Forderung: „Schreib, was du siehst und hörst", der ebenfalls dahin gehende Rat eines befragten Abtes und die tatkräftige Hilfe des Mönches Volmar, der ihr „unbeholfenes Latein" und ihre grammatikalischen Fehler verbessern sollte, überzeugten sie schließlich.

„Und siehe! Im dreiundvierzigsten Jahre meines Lebenslaufes schaute ich ein himmlisches Gesicht. Zitternd und mit großer Furcht spannte sich ihm mein Geist entgegen.

Ich *sah* einen sehr großen Glanz. Eine himmlische Stimme erscholl daraus. Sie sprach zu mir: ‚Gebrechlicher Mensch, Asche von Asche, Moder vom Moder, sage und schreibe, was du siehst und hörst! Doch weil du schüchtern bist zum Reden, einfältig zur Auslegung und ungelehrt, das Geschaute zu beschreiben, sage und beschreibe es nicht nach der Redeweise der Menschen, nicht nach der Erkenntnis menschlicher Klügelei noch nach dem Willen menschlicher Abfassung, sondern aus der Gabe heraus, die dir in himmlischen Gesichten zuteil wird: wie du es in den Wundern Gottes siehst und hörst.' ...

Im Jahre 1141 der Menschwerdung des Sohnes Gottes, Jesu Christi, als ich zweiundvierzig Jahre und sieben Monate alt war, kam ein feuriges Licht mit Blitzesleuchten vom offenen Himmel her-

Hildegard von Bingen diktiert einem Mönch ihre Schriften. Ihre göttliche Inspiration wird durch umgekehrte Flammen in ihren Kopf hinein symbolisiert. Holzstich nach einer Miniatur von 1165.

nieder. Es durchströmte mein Gehirn und durchglühte mir Herz und Brust gleich einer Flamme, die jedoch nicht brannte sondern wärmte, wie die Sonne den Gegenstand erwärmt, auf den sie ihre Strahlen legt. Nun erschloß sich mir plötzlich der Sinn der Schriften, des Psalters, des Evangeliums und der übrigen katholischen Bücher des Alten und Neuen Testamentes. Doch den Wortsinn ihrer Texte, die Regeln der Silbenteilung und der [grammatischen] Fälle und Zeiten erlernte ich dadurch nicht.

Die Kraft und das Mysterium verborgener, wunderbarer Gesichte erfuhr ich geheimnisvoll in meinem Innern seit meinem Kindesalter, das heißt, seit meinem fünften Lebensjahre, so wie auch heute noch. Doch tat ich es keinem Menschen kund, außer einigen wenigen, die wie ich im Ordensstande lebten. Ich deckte alles mit Schweigen zu bis zu der Zeit, da Gott es durch seine Gnade offenbaren wollte.

Die Gesichte, die ich schaue, empfange ich nicht in traumhaften Zuständen, nicht im Schlafe oder in Geistesgestörtheit, nicht mit den Augen des Körpers oder den Ohren des äußeren Menschen und nicht an abgelegenen Orten, sondern wachend, besonnen und mit klarem Geiste, mit den Augen und Ohren des inneren Menschen, an allgemein zugänglichen Orten, so wie Gott es will. Wie das geschieht, ist für den mit Fleisch umkleideten Menschen schwer zu verstehen."[93]

Im Zentrum ihrer Visionen steht neben der Gottesburg, die in glanzvollen und mächtigen Bildern beschrieben wird, die *Kirche.*

„Danach sah ich ein Weib von so hoher Gestalt, daß es wie eine große Stadt anzuschauen war. Sein Haupt war mit wunderbarer Zier gekrönt. Von seinen Armen ging, herabfallenden Ärmeln gleich, ein heller Glanz aus, der vom Himmel bis zur Erde niederstrahlte. Netzartig öffnete sich sein Schoß in vielen Spalten, durch die eine große Menschenmenge einzog. Beine und Füße hatte die Gestalt nicht, sondern sie stand auf ihrem Rumpf an dem Altar, der von dem Angesichte Gottes ist, und umfaßte ihn mit gebreiteten Händen, während der scharfe Blick ihrer Augen den Umkreis des Himmels durchdrang. Ein Gewand konnte ich an ihr nicht bemerken, ich sah nur, daß überaus helles Licht sie ganz durchstrahlte und schimmernder Glanz sie rings umfloß. Auf ihrer Brust erglühte blitzend ein Morgenrot, und ich vernahm von dorther ein Lied, das im wundersamen Zusammenklang verschiedenartigster Musik das funkelnde Morgenrot besang.

Und die Gestalt breitete ihren Glanz aus wie ein Gewand und sprach: ‚Ich muß empfangen und gebären!' Allsogleich eilte wie der Blitz eine Schar von Engeln herbei. Sie bereiteten Stufen und Sitze in ihr für die Menschen, durch die die Gestalt vollendet werden sollte.

Dann sah ich schwarze Kindlein nahe der Erde durch die Luft daherschwimmen wie Fische im Wasser. Sie gingen durch die Spalten in den Schoß der Gestalt ein. Diese aber tat einen tiefen Atemzug und zog sie zu ihrem Haupte empor, wo sie aus ihrem Munde hervorgingen. Dabei blieb sie selber ganz unversehrt. ...

Die Kindlein, die in den Schoß des Weibes eingegangen waren, wandelten nun in dem Glanze, der sich rings um die Gestalt gebreitet hatte. Sie aber schaute sie mit einem Blick innigster Liebe an und sprach mit trauriger Stimme: ‚Diese meine Kinder werden wieder in den Staub zurückkehren. Viele empfange und gebäre ich, die mich, ihre Mutter, in mannigfachen Anstößen ermüden, mich niederdrücken und wider mich kämpfen in Irrlehren und Spaltungen, in unnützem Streit, in Raub und Mord, in Ehebruch und Unzucht und in vielen ähnlichen Verirrungen. Doch werden sehr viele von diesen meinen Kindern durch wahre Buße zum ewigen Leben auferstehen. Sehr viele verfallen aber auch durch trügerische Verhärtung dem ewigen Tode.'

Und wiederum hörte ich die Stimme vom Himmel. Sie sprach zu mir:

‚Aus lebendigen Steinen fügt sich im Himmel der Bau lebendiger Seelen zu seiner Vollendung. Mit unschätzbarer Zier schmücken ihn die Tugenden der Söhne, die er in sich aufnimmt wie eine umfangreiche Stadt die Scharen der Völker und wie ein weites Netz die Menge der Fische. Herrlich blüht er in himmlischen Kräften nach dem Maße, wie sich die Glaubenshingabe in denen, die den christlichen Namen tragen, entfaltet.

Deshalb siehst du nun ein Weib von so hoher Gestalt, daß es anzuschauen ist wie eine große Stadt. Das ist die Braut meines Sohnes [die Kirche], die Ihm stets neue Kinder schenkt durch die Wiedergeburt aus dem Geiste und dem Wasser; denn der tapferste Streiter hat sie eingesetzt, in der Weite der Tugendkräfte die große Schar seiner Auserwählten zu umfassen und zu vollenden. Kein Widersacher kann in feindseligem Ansturm ihrer mächtig werden, denn sie schlägt den Unglauben in die Flucht und weitet sich mehr und mehr durch den Glauben. Das ist in dieser Zeit der Sterblichkeit so zu verstehen, daß jeder Gläubige seinem Nächsten gutes Beispiel gibt, wodurch sie alle große Kräfte im Himmel wirken. Doch erst wenn alle Gerechten zu den Söhnen des Lichtes eingegangen sind, wird in ihnen das Gute, das sie getan haben, offenbar werden. Denn hienieden, in der Todesatmosphäre des irdischen Staubes, kann es nicht klar erschaut werden, weil hier der Schatten der Unbeständigkeit es verdunkelt.

Mit wunderbarer Zier ist das Haupt der Gestalt gekrönt. Denn bei

Auszug der Seele aus ihrem Zelt. Aus Hildegard von Bingens „Scivias“.

ihrem Ursprung, da sie im Blute des Lammes erweckt ward, wurde die Kirche in den Aposteln und Märtyrern geziemend gekrönt, sie, die in wahrer Brautschaft meinem Sohne vermählt ist. Aus dem Blute seiner Wunden ging sie durch den Glauben hervor und baut durch den Glauben die geheiligten Seelen [zu seinem mystischen Leibe] aus.

Deshalb geht auch von ihren Armen, herabfallenden Ärmeln gleich, ein heller Glanz aus, der vom Himmel bis zur Erde niederstrahlt. Er sinnbildet das Wirken der Kraft [Gottes] in den Priestern, die mit reinem Herzen und reinen Händen im Geheimnisse des Leibes und Blutes ihres Erlösers das hochheilige Opfer auf dem geweihten Altare darbringen... Denn dieses von Gott inspirierte Werk wird von seinen Augen im Himmel gegenwärtig, wenn es sich auf Erden im Kult der Kirche unter den Gläubigen vollzieht.

Netzartig öffnet sich der Schoß des Weibes in vielen Spalten, durch die eine große Menschenmenge einzieht. Das ist die Mutterliebe, die sich zum Fang der gläubigen Seelen öffnet... Doch der, der sein Netz zum Fischfange auswirft, ist mein Sohn, der Bräutigam der Kirche, die Er geliebt und die Er Sich in seinem Blute vermählt hat, um den Menschen aus seinem tiefen Falle aufzurichten. ...

Auf ihrer Brust erglüht blitzend ein Morgenrot. Das ist die Unversehrtheit der Jungfrau, die den Sohn Gottes gebar. Wie aufsteigendes Morgenrot funkelt sie in den Herzen der Gläubigen, die die Jungfrau mit brennender Liebe ehren. Deshalb *vernimmst du auch von dorther ein Lied, das im wundersamen Zusammenklang verschiedenartigster Musik das funkelnde Morgenrot besingt.* Denn aus voller Bereitschaft soll jede Stimme in der Kirche – wie deinem Erkennen eingegossen wird – die Jungfräulichkeit der ganz Reinen lobpreisen.

Und nun *breitet die Gestalt ihren Glanz aus wie ein Gewand und sagt, sie müsse empfangen und gebären.* Das bedeutet die Ausweitung der Kirche im Sakrament der wahren Dreieinigkeit [der heiligen Taufe]. Mit ihm umgürtet sie sich zum Schutze der gläubigen Völker, und in diesen ersteht sie selber im [allmählichen] Aufbau der lebendigen, im reinsten Bade weiß gewordenen Steine. Das besagen ihre Worte, sie müsse gesegnet werden und Kinder empfangen und sie gebären im Bade der Wiedergeburt aus dem Geiste und dem Wasser. ...

Schwarz sind die törichten Menschen, die noch nicht abgewaschen sind im Bade der Erlösung. Aber obgleich sie das Irdische lieben, in ihm sich ergehen und in seiner Unbeständigkeit ihre Wohnung aufschlagen, gelangen sie doch endlich zur Mutter der Heiligkeit. Sie erkennen die Würde ihrer Geheimnisse und empfangen die Segnung, durch die sie dem Teufel entrissen und Gott zurückgegeben werden. So treten sie in das Gefüge der kirchlichen Gemeinschaft ein, in der allein jeder Gläubige zum Heile beseligt wird, wenn er in seinem Innern das ‚Ich glaube an Gott' spricht und das übrige, was zum seligmachenden Glauben gehört.

Daher *tut nun die Gestalt einen tiefen Atemzug und zieht sie empor zu ihrem Haupte, wo sie aus ihrem Munde (wieder) hervorgehen. Sie selber bleibt daher ganz unversehrt.* Sooft die Taufweihe mit dem Chrisma in der Heiligung des Heiligen Geistes vollzogen wird, damit ein Mensch durch die wahre Beschneidung des Geistes und des Wassers erneuert werde, tut die selige Mutter [Kirche] gleichsam einen tiefen Atemzug – ihr Atem ist der Heilige Geist –, und so wird der Mensch zu dem höchsten Seligmacher, der das Haupt aller ist, emporgezogen, wird Glied Christi, da er unter Anrufung der heiligen Dreieinigkeit gleichwie durch den Mund der seligen Mutter zum Heile wiedergeboren wird.

Aber sie, die Mutter, erleidet dabei nicht den geringsten Schaden. In Ewigkeit bleibt sie Jungfrau, denn sie ist dem Blute des wahren Lammes entsprossen. Ihm als Braut vereint, der ohne Verletzung aus der ganz reinen, ganz unberührten Jungfrau geboren ward. Wie diese wird auch seine Braut unversehrt bleiben. Ihre Jungfräulichkeit ist der katholische Glaube. Kein Schisma kann ihre Reinheit trüben. Zwar werden immer wieder gottlose Menschen sie

Das Ende der Zeiten.
Aus Hildegard von Bingens „Scivias".

hart bedrängen, aber dann wird sie sich unter den mächtigen Schutz ihres Bräutigams stellen, wie eine Jungfrau, die durch die List des Teufels und die Einflüsterungen der Menschen von fleischlichen Begierden angefochten wird. Vom Herrn erfleht sie sich Befreiung aus der Versuchung und die Kraft, ihre Reinheit zu bewahren. So kämpft auch die Kirche gegen die gottlosen Verführer, die Irrlehrer, seien es Christen, Juden oder Heiden, die auf sie eindringen, um ihre Jungfräulichkeit, den katholischen Glauben zu verletzen. Sie widersteht ihnen mannhaft, damit sie nicht Schaden erleide, denn Jungfrau war sie, ist sie und wird sie bleiben, weil der wahre Glaube, die Materie ihrer Jungfräulichkeit, durch keinen Irrtum befleckt werden kann. Die Kirche ist also die jungfräuliche Mutter aller Christen. Sie empfängt und gebiert ihre Kinder durch die geheime Kraft des Heiligen Geistes und schenkt sie Gott, so daß sie Gotteskinder heißen. Wie der Heilige Geist die seligste Mutter überschattete, so daß sie ohne Schmerz auf wunderbare Weise den Sohn Gottes empfing und gebar und dennoch Jungfrau blieb, so durchleuchtet der Heilige Geist auch die Kirche, die glückliche Mutter der Gläubigen. Ohne Schaden, in Einfalt empfängt und gebiert sie Kinder und bleibt Jungfrau. Wie dies?

Wie der Balsam aus dem Baume quillt, wie aus einem Onyxgefäß die darin verborgenen heilenden Säfte hervorströmen, wie der Karfunkel den lichtesten Glanz ohne Hindernis ausstrahlt, so wurde der Sohn Gottes aus der Jungfrau geboren, ohne sie zu verletzen, und so erzeugt auch seine Braut die Kirche, ihre Kinder ohne die Befleckung des Irrtums. Sie bleibt Jungfrau in der Unversehrtheit des Glaubens. ...

Danach sah ich, wie die bisher geschaute weibliche Gestalt gleich einem Lichtglanz schnell aus dem ewigen Ratschlusse hervorging und durch göttliche Macht dem Sohne Gottes, der am Kreuze hing, zugeführt wurde. Ganz überströmt von dem Blut der Seitenwunde, das mächtig in die Höhe sprudelte, wurde sie durch den Willen des

Mutterschaft aus dem Geiste und dem Wasser.
Aus Hildegard von Bingens „Scivias".

himmlischen Vaters dem Sohne Gottes selig vermählt und empfing als kostbare Hochzeitsgabe sein heiliges Fleisch und Blut. Darauf hörte ich, wie eine Stimme vom Himmel zu Ihm sprach: ‚Diese, mein Sohn, sei Dir Braut zur Wiederherstellung meines Volkes! Sie soll ihm Mutter sein. Den Seelen schenke sie das Leben durch die erlösende Wiedergeburt aus dem Geiste und dem Wasser.'"[94]

Die Kirche ist als die große Mutter dargestellt, es sind sehr weibliche, mütterlich-mächtige Bilder. Gleichzeitig ist sie die Jungfrau, die, unberührt, dennoch stets gebiert. Und sie ist die Braut Jesu. Keinerlei Kritik an der Kirche wird geäußert, wenngleich sich Hildegard in Briefen und Predigten scharf gegen den Luxus des hohen Klerus ausspricht – *die* Kirche wird davon niemals berührt. Auch die Rolle der Priester wird, unabhängig von der Realität, nur positiv gesehen. Kirche, Gott, Jesus Christus stehen völlig außerhalb der Welt der Menschen. So ist es kein Wunder, wenn hohe Vertreter der Kirche entzückt von Hildegards Werk waren, insbesondere solche, die zum Umkreis der Reformer von Cluny gehörten.

Hildegard schrieb neben Scivias eine Reihe weiterer Bücher. Sie führte eine umfangreiche Korrespondenz, reiste und durfte sogar öffentlich predigen. Die berühmte Seherin konnte es sich leisten, eindeutig gegen den verderbten Klerus – die reichen und verschwenderischen Bischöfe der rheinischen Städte vor allem – zu predigen, aber auch gegen die Ketzer. Scharf wandte sie sich gegen die Katharer, „die Feuer- und Schwefelberge", „Lästermäuler und Lügenpropheten des Teufels", „Heuchler, Verführer und Sadduzäer, die schlimmer sind als die Juden, weil sie durch Scheinheiligkeit das einfache Volk verwirren und aus der Einheit der Kirche herausreißen ..."[95]

Hildegard schrieb naturwissenschaftlich-medizinische Bücher („Über die Ursachen, Kennzeichen und Heilmittel der Krankheiten") und Lieder, sie komponierte, und schließlich schrieb sie in noch einmal sieben Jahren das „Buch von den göttlichen Werken", eine „Theologie des Kosmos", in der eine ganzheitliche Schau vom Verhältnis Gott-Mensch-Kosmos deutlich wird – im Gegensatz zum meist dualistischen Denken männlicher Theologie ihrer Zeit. Auch diese Dimension gewinnt die feministische Theologie heute wieder mühsam zurück. Die dank des dualistischen Denkens ausgebeutete, weil „beherrschte", als vergänglich angesehene Natur gewinnt wieder lebenserhaltende Bedeutung. Ihre Auffassung vom Verhältnis Frau-Mann war jedoch traditionell: Schon die oben zitierte Einleitung zu ihrem Buch Scivias zeigt dies oder ein Brief an Bernhard von Clairvaux, in dem sie schreibt:

„Ich will, daß du um der Liebe Gottes willen meiner in deinen Gebeten gedenkst. Vor zwei Jahren sah ich dich in meiner Schau als einen Menschen, der in die Sonne schaut, furchtlos und sehr kühn. Und ich weinte, weil ich nur Scham empfinde und keinen Mut habe. Guter milder Vater, nimm mich in deine Seele hinein, bete für mich, denn ich mühe mich sehr mit dieser Schau, wie ich das, was ich sehe und höre, sagen soll. Oft wirft mich diese Schau in großen Schwächen nieder aufs Lager. ... Darum komme ich zu dir, weinend und klagend, weil ich so leicht umgeworfen werde vom Hebebaum der Traubenpresse (von der Schwere der Leibesgebundenheit), die in Adam seine Wurzel hat ..., aber jetzt stehe ich auf und laufe zu dir. Ich sage dir: Du wirst nicht umgeworfen. Du stemmst dich gegen den Baum und bist Sieger deiner Seele. ... Du bist der Adler, der in die Sonne schaut. ... Ich bitte dich ..., nimm mir meine Worte nicht übel. ... Lebe wohl, lebe wohl in deiner Seele und sei ein starker Kämpfer in Gott. Amen."[96]

Noch deutlicher zeigt sich Hildegards Verständnis vom Verhältnis von Frauen und Männern in einem Text aus Scivias, in dem sie sich auf die oft ausgelegte Schöpfungsgeschichte bezieht.

„Das ist die unschuldige Eva, die aus dem unschuldigen Adam hervorgegangen, mit ihm im Garten der Wonne weilt. Alle Menschenkinder trägt sie – so hat es Gott vorherbestimmt – leuchtend in ihrem Schoße. Aber nun fällt der Teufel sie an, um sie durch Schlangentrug zu stürzen. Warum das? Weil er wußte, daß die Weichheit des Weibes leichter zu besiegen sei als die Stärke des Mannes. Zugleich erkannte er, daß in Adam die Liebe zu Eva so mächtig brannte, daß, wenn es gelingen würde, sie zu besiegen, Adam alles tun würde, was sie ihm sagte. *Und der Nebel verjagte die Wolke mitsamt der Mannesgestalt aus dem lichten Lande.* Der alte Verführer vertrieb durch seinen Betrug Eva und Adam aus der Wohnung der Seligkeit und stürzte sie in die Finsternis des Chaos. Eva hatte er zuerst verführt, damit sie Adam gewinne. Denn eher als jedes andere Geschöpf vermochte sie den Mann zum Ungehorsam zu bringen, weil sie aus seiner Rippe gebildet war. ... Daß die erste Frau aus dem Manne geformt wurde, deutet auf die eheliche Verbindung der Frau mit dem Manne. Nicht ziellos und in Gottvergessenheit darf diese Vereinigung vollzogen werden, denn der, der das Weib aus dem Manne nahm, hat diese Vereinigung gut und in Ehren eingesetzt, um Fleisch aus Fleisch zu bilden. Wie daher Adam und Eva ein Fleisch waren, so werden auch jetzt Mann und Frau ein Fleisch in der Vereinigung der Liebe zur Mehrung des Menschengeschlechtes. Deshalb muß vollkommene Liebe zwischen beiden sein wie einst zwischen den ersten Menschen. Adam hätte sein Weib verklagen können, weil sie ihm durch ihren Rat den Tod gebracht hatte. Dennoch entließ er sie nicht, solange er in dieser Welt lebte, da er erkannte, daß sie ihm durch göttliche Macht zugesellt sei. Um der vollkommenen Liebe willen also verlasse der Mann sein Weib nicht.

Keine Scheidung sei zwischen ihnen, es sei denn, daß beide in einmütiger Gesinnung auf meinen Sohn schauen wollen und in brennender Liebe zu Ihm sprechen: ‚Wir wollen die Welt verlassen und dem folgen, der für uns gelitten hat.' Wenn sie aber nicht beide in solch einhelliger Frömmigkeit zusammenstimmen, sollen sie keineswegs auseinandergehen. Denn wie das Blut nicht vom Fleische getrennt werden kann, solange der Geist darin verweilt, so dürfen auch Mann und Frau sich nicht scheiden lassen, sondern sollen eines Willens miteinander wandeln.

Selbst wenn gesetzwidrige Unzucht an Mann oder Frau erfunden wird, sollen sie, entweder aus eigenem Antrieb oder vom Priester veranlaßt, als öffentliche Sünder den Urteilsspruch der geistlichen Obrigkeit nach Recht und Gericht auf sich nehmen. Der Gatte wie die Gattin können vor der Kirche und ihren Behörden gerechte Klage gegeneinander führen, doch niemals so, daß sie eine andere Verbindung suchen. Entweder sollen sie gemeinsam in ihrer berechtigten Bindung bleiben, oder sie sollen sich nach kirchlicher Entscheidung gemeinsam enthalten. Sie sollen nicht nach dem Sinne der Schlange ihr Einssein im Fleische zerreißen, sondern mit reiner Liebe einander lieben, denn sie selber – Mann und Weib – sind aus ehelicher Bindung hervorgegangen, wie mein Freund Paulus bezeugt: ‚Wie die Frau vom Mann, so der Mann durch die Frau, alles aber aus Gott' (1. Korinther 11, 12)."[97]

Wie die Kirchenväter vor und nach ihrer Zeit geht sie davon aus, daß die Frau leichter verführbar ist als der Mann. Das begründet sie mit der „Weichheit" der Frauen – nicht mit ihrer größeren Neigung zur Sünde, wie allgemein üblich.

Und Adam kann nicht widerstehen, weil er sie *liebt* – nicht weil sie so gefährlich verführerisch ist. Hildegard entwickelt daran ihre Gedanken über die Ehe. Die Erschaffung Evas aus der Rippe ist für sie ein Hinweis auf die „gute und in Ehren eingesetzte" geschlechtliche Vereinigung, um „Fleisch aus Fleisch zu bilden". Um dieser Liebe willen darf es auch keine Scheidung geben – es sei denn, sie wollten ins Kloster gehen. Aber auch das sollen sie nur tun, wenn beide darin übereinstimmen. Die geschlechtliche Vereinigung ist gut um der Nachkommenschaft willen, ohne diesen Willen, nur zum Vergnügen, handelt es sich um eine „Süßigkeit der Sünde". Diese sündhafte Lust wird vom Teufel gesteuert.

Aus der Schöpfungsgeschichte leitet Hildegard wie so viele andere den Vorrang des Mannes ab und charakterisiert ihn mit den Begriffen „Wille", „Macht" und „Güte". Die Frau ist der „fruchtbare Acker".

Auch wenn Hildegard in den eben beschriebenen Grenzen Ehe und Sexualität bejaht, stellt für die Frau, die seit ihrer Kindheit im Kloster lebt, Jungfräulichkeit einen hohen Wert dar.

„*Inmitten dieser Lichtbahn, die zur Höhe emporsteigt, erscheint ein holdes Mägdlein. Sein Haupt ist unbedeckt, fast schwarz sein Haar.* Das ist die lichteste Jungfräulichkeit, unberührt von aller Häßlichkeit menschlicher Begierden. Ihr Haupt ist unbedeckt, denn sie beugt ihren Geist nicht unter die Fessel der Verderbtheit. Aber sie vermag sich in ihren Kindern, solange sie in dieser Welt sind, nicht ganz den Anfechtungen der Finsternis zu entziehen, obgleich sie männlich dagegen kämpft. Auf diese Leiden deutet ihr dunkles, fast schwarzes Haar. *Sie ist ganz eingehüllt in die rote Tunika* mühevoller Anstrengung in den Werken der Tugenden, und *diese Tunika fällt ihr faltenreich hinab bis zu den Füßen*, das heißt, die Jungfräulichkeit verharrt in diesem Kampfe bis zum Ende allumfassender, seliger Vollkommenheit, ganz umkleidet von den mannigfaltigsten Tugenden in der Nachahmung dessen, der die Fülle aller Heiligkeit ist. *Deshalb wird sie auch*, wie du im Geheimnis des himmlischen Lichtes erkennst, *der edelste Sprößling des himmlischen Jerusalem genannt*, die Ehre und Zierde derjenigen, die aus Liebe zur jungfräulichen Reinheit ihr Blut vergossen haben oder zwar in Frieden entschliefen, aber in dem blendenden Glanze der Demut ihre Unversehrtheit um Christi willen bewahrten; denn die Jungfräulichkeit ist dem höchsten Könige, dem Sohne des allmächtigen Gottes, vermählt, und durch Ihn wird sie Mutter des erlauchtesten Kindes, der auserwählten Schar der Jungfrauen, die sie hervorbringt, wenn sie im Frieden der Kirche erstarkt.

Von den Söhnen der Jungfräulichkeit tragen einige Mitren auf dem Haupte, und das Pallium bischöflicher Würde schmückt ihre Schultern. Das sind in der heiligen Gottesstadt die [Bischöfe und Priester], die in hochstrebendem Eifer mit der Vaterwürde und Ehre des kirchlichen Amtes die Zierde der Jungfräulichkeit verbinden.

Weil also die Jungfräulichkeit so glorreich ist vor Gott, deshalb sollen diejenigen, die sie freiwillig Gott geopfert haben, sie in aller Klugheit bewahren. Kein Gebot hat sie zur Ablegung des Gelübdes gezwungen, sie waren frei in ihrer Entscheidung. Aber nachdem diese gefallen, gibt es kein Zurück mehr. Der Schuldige, der seinen Eid bricht, vertauscht königliche Freiheit mit der Knechtschaft der Sünde. Bleibt er unbußfertig, so verfällt er einem strengen Gericht. Beweint er seinen Fall mit bitteren Tränen, so wird ihn zwar das Blut des Gotteslammes reinigen, aber unter die Genossen des Bräutigams, die diesen wie Blüten in unversehrter Reinheit umstehen, wird er nicht wieder zugelassen. Ebenso nimmt mein Sohn die Jungfrau, die Ihm mit ihrer eigenen, freien Zustimmung in heiliger Brautschaft anvermählt wird, in Ehren auf, denn Ihn verlangt nach der Gemeinschaft mit ihr. Mit keuscher Liebe möge sie Ihn umfangen, denn auch Er liebt sie in geheimer Gnadenwahl. Sie ist Ihm liebenswürdig, weil sie Ihn mehr sucht als einen irdischen Bräutigam. Wenn sie aber nachher ihren heiligen Bund bricht, so ist sie gebrandmarkt vor allen, die in der Freude des Himmels weilen. Verharrt sie in ihrem Leichtsinn, so geht sie nach gerechtem Gerichte der ewigen Herrlichkeit verlustig. Tut sie Buße, so wird sie zwar wieder aufgenommen, aber als Magd, nicht als Herrin, denn sie hat die Gemeinschaft des Königs verlassen."[98]

Die „Heilkunde" der Hildegard ist kein „Rezeptbuch", noch betrachtet sie Krankheiten und ihre Heilung isoliert. Im Gegenteil, Hildegard stellt das „Heil" des Menschen in einen großen Zusammenhang, der weit über den Menschen hinausreicht.

Das Buch beginnt mit dem Bauwerk des Kosmos, mit Sonne, Mond, Sternen, den vier Elementen Feuer, Wasser, Luft und Erde. Benannt wird der Einfluß der Elemente auf das Leben von Menschen.

Aus den vier Elementen setzt sich auch der Mensch zusammen, sie spielen für jedes neue Leben eine Rolle. Die Menschen werden von ihrem Entstehen, in allen ihren Lebensvollzügen – und damit in ihren Krankheiten – in einen Gesamtzusammenhang des Lebens gestellt, der die Schöpfung als Ganzes betrachtet. Menschen sind *Teil* der irdischen Schöpfung, sie stehen ihr nicht als Beherrschende gegenüber.

Die Schöpfungsgeschichte der Bibel wird von Hildegard immer wieder betrachtet. Und wenngleich der Vorrang des Mannes vor der Frau auch bei ihr unbestritten ist und die Frau die erste Sünderin bleibt, so zieht Hildegard daraus andere Schlußfolgerungen als männliche Theologen vor und nach ihr. Ihre Überlegungen sind liebevoller und gleichzeitig eher von menschlichen Erfahrungen geprägt. Folgen der ersten Sünde sind Gebrechlichkeit, Altern und Tod des Menschen. Krankheit ist zu Gesundheit kein Gegensatz, sondern stellt eine Mangelerscheinung dar. Sie wird von Hildegard, wie auch das auf der Erde immer wieder ersterbende Grün und die „verwelkenden" Menschen, auf den Sündenfall von Adam und Eva zurückgeführt. Sünde wird nicht mit Sexualität verknüpft und schon gar nicht etwa mit der bösen Sexualität von

Gesalbt mit dem Heiligen Geiste.
Aus Hildegard von Bingens „Scivias".

Frauen. Ganz unbefangen spricht Hildegard von Sexualität, von der Menstruation, von Zeugung und Geburt. Ein ganzes Kapitel beschäftigt sich mit dem geschlechtlichen Verhalten der Menschen, ein weiteres mit den „Zuständen und Umständen" der Frau, eines mit Krankheiten, mit der Ernährung und auch mit Heilmitteln. Auch wenn Lust für Hildegard ganz selbstverständlich zum Geschlechtsleben der Menschen gehört, so ist doch Sexualität ohne den Fortpflanzungsgedanken für sie nicht im Blickfeld. Und in bezug auf die Zeugung übernimmt sie selbstverständlich die Auffassung, daß der männliche Same das zukünftige Kind als Ganzes enthält – schließlich wurde die weibliche Eizelle ja erst im 19. Jahrhundert entdeckt. (Und auch unsere Sprache ist noch nicht frei von diesem Denken. So sagen wir etwa, eine Frau habe „ein Kind empfangen", oder schwülstiger, „sie trage das Kind des geliebten Mannes unter ihrem Herzen". Schließlich spukt im neuesten Sprachgebrauch der „Leihmutter" dieses Denken noch nach: In den allermeisten praktizierten Fällen handelt es sich um echte Mütter, die nicht „das Kind eines fremden Mannes austragen", sondern ihr eigenes!)

Im Gegensatz aber zur frauenfeindlichen Haltung eines Thomas von Aquin beschreibt Hildegard innerhalb der traditionellen Auffassung den Anteil von Frauen bei der Entstehung eines neuen Menschen – Zeugung, Schwangerschaft, Geburt – weit umfangreicher und liebevoller.

Ein sehr weibliches Bild benutzt Hildegard häufig zur Beschreibung von Vorgängen in der Natur: Die Elemente werden „durchgekocht", damit alles sich richtig und gut vermischt. Ein weiterer zentraler Begriff ist die „Grüne" oder „Grünkraft" (viriditas). Das Bild vom Baum, der von Säften gespeist grüne Blätter hervorbringt, wird von hier auf alle Gebiete des Lebens hin bis zum Schöpfer dieses Lebens übertragen. Grün steht für das Leben schlechthin. Maria, die Mutter Jesu, ist die Virgo viridissima, die allergrünste Jungfrau.

Die göttliche Grünkraft wirkt in der gesamten Natur. (Interessant war mir in diesem Zusammenhang, daß die babylonische große Göttin Ischtar den Beinamen „Die Grünende" führte; der Gedanke, daß Grün und Leben zusammengehören, hat offenbar für andere Religionen eine entscheidende Rolle gespielt, und zwar speziell für solche mit einer Muttergöttin im Zentrum!) „Heil", Gesundheit, bedeutet für Hildegard, in Übereinstimmung mit der alles durchdringenden Lebenskraft, in Übereinstimmung mit der Natur zu leben.

„In der Morgenfrühe, wenn die Sonne bei ihrem Aufgang sich machtvoll erhebt, um ihren Lauf anzutreten, steht auch das Grün in seiner größten Kraft, weil die Luft bis dahin noch feucht ist, die Sonne aber schon wärmt. Dann trinken die Gräser dieses Grün so gierig in sich hinein, wie ein Lamm seine Milch saugt: die Hitze des ganzen Tages wird kaum ausreichen, die Grünkraft dieses Tages durchzukochen und fruchtbar zu machen."

Die Seele ist die grünende Kraft des Leibes; die Seele wirkt mittels des Leibes und der Leib mittels der Seele: das ist der ganze Bestand des Menschen."[99]

Den Gedanken des „Grüns" als Lebenskraft überträgt sie in ihr Bild von der göttlichen Schöpfungskraft. Insbesondere der Heilige Geist erfüllt die Menschen mit Grün als Leben. Hildegards Gottesbegriff ist damit auch: Gott ist vor allem *Leben.* Sie betont nicht den König, den Herrn der Heerscharen, den strengen Richter, der gerecht richtet.

„Von der Sterblichkeit geht kein Leben aus, sondern Leben besteht eben nur im Leben. Kein Baum grünt ohne Kraft zum Grünen, kein Stein entbehrt der grünen Feuchtigkeit, und kein Geschöpf ist ohne diese besondere Eigenkraft: die lebendige Ewigkeit selber ist nicht ohne die Kraft zum Grünen."

„Aus lichtem Grün sind Himmel und Erde erschaffen und all die Schönheit der Welt."

„Heiliger Geist ist das Leben alles Lebendigen, Beweger des Alls und Wurzelgrund alles geschaffenen Seins. Der Geist macht die Welt rein von aller Unlauterkeit: alle Schuld wird getilgt, jeder Schmerz wird gesalbt. So ist Geist Leben, leuchtendes, lobwürdiges

Leben, Leben, das alles aufweckt und wiedererweckt das All."

„Somit ist Gottes Wirklichkeit nie vergeblich. Keines seiner Werke bleibt unvollständig, alle kommen sie vielmehr erfüllt zurück. Gottes Wort wird vernommen und erhält Antwort. Der Geist geht aus, grünt und bringt Frucht. Das ist das Leben."[100]

In eine kurze Formel faßt Hildegard diesen ihren zentralen Gedanken: „Opus verbi viriditas est".

Grün ist die Farbe der Tugend Patientia, die für Hildegard die höchste der Tugenden ist. Für mich stellt dies einen unbewußten Hinweis auf die Einschätzung ihres Wertes von Frauen dar: Geduld ist eine Eigenschaft, die sie in ihrer Typenlehre Frauen zuschreibt. Die „Geduld" spricht zur „Unduldsamkeit":

„Ich bin aller Grüne ein milder Hauch, indem ich Blüte und Frucht aller Tugendkraft hervorbringe und sie in den Gesinnungen der Menschen festlege und aufbaue. Aus diesem Grunde kann ich auch alles, was ich einmal anfange, vollenden; so kann ich in allem verharren und brauche nichts zu verachten, sondern besitze alles mit Gleichmut."[101]

Der Gedanke der Grünkraft – vielleicht auch lediglich das Wort – war mir zunächst seltsam, vor allem in Hildegards Übertragung auf andere, göttliche Bereiche. Inzwischen finde ich ihn wichtig für unsere Aufgabe von der Bewahrung der Schöpfung: Grün ist Leben. Unsere Aufgabe ist es, erschaffenes Leben zu bewahren und nicht weiter zu zerstören.

Mechthild von Magdeburg

100 Jahre später als Hildegard von Bingen lebt Mechthild von Magdeburg (ca. 1210-85). Auch sie stammt sehr vermutlich aus dem – sächsischen – Adel. Von ihrem 12. Lebensjahr an bezeichnet sie sich als „gegrüßt vom Heiligen Geist".

Mit 23 Jahren verläßt sie ihre Familie und lebt 30 Jahre lang allein als Begine in Magdeburg.

Zwischen 1250 bis 1265 – also auch über einen Zeitraum von vielen Jahren – schreibt sie ihre Visionen, in deutscher Sprache, „Das Fließende Licht der Gottheit". Das Buch ist nur in einer oberdeutschen Fassung Heinrichs von Nördlingen erhalten. Dieser gehörte einem Basler Kreis der „Gottesfreunde" an, die unter anderem mystische Literatur sammelten. Er schickt seiner Freundin Margareta Ebner seine Übersetzung:

„Ich send euch ein Buch, das heißt das Licht der Gottheit, das es mir das lustigste deutsch ist, und das innerlichst rührendste Minnegeschoß, das ich in deutscher Sprache je las. Es ward uns gar in fremdem Deutsch geliehen, so daß wir wohl zwei Jahre Fleiß und Arbeit hatten, ehe wirs ein wenig in unser Deutsch brachten."[102]

Diese Übersetzung entstand vermutlich auf Anregung der Begine Margareta zum Goldenen Ring in Basel, die ihrerseits das Buch an die vier Häuser der Waldschwestern mit einem Brief ihres Beichtvaters schenkte:

„Ihr sollt wissen, daß das Buch, das euch gegeben ward, von der zum Guldin Ringe, das da heißt das Licht der Gottheit, deß sollt ihr wohl wahrnehmen, also daß es soll dienen in allen Häusern des Waldes und soll aus dem Walde nimmer kommen und soll je einen Monat in einem Hause sein, also daß es soll umgehen von dem einen in das andere, wenn man sein bedarf und sollt ihr sein sonderlich hüten."[103]

Mechthilds Werk war also weit bekannt und viel gelesen. Es wird angenommen, daß auch Dante es kannte und als Anregung für die Göttliche Komödie benutzte. Zur weiteren Verbreitung dürfte sicher die gekürzte lateinische Fassung Heinrichs von Halle beigetragen haben.

Die sieben Bücher sind unterschiedlich: In den ersten – der jungen Mechthild – überwiegen glühende Visionen der Gottesminne. Prosa und Versform wechseln in den Dialogen zwischen Gott und Seele, Minne und Seele, die in erotischen Bildern ihre Liebe und Sehnsucht ausdrückt:

„Da spricht die Jungfrau:
O Herre, das ist übergroß,
Daß die ist deiner Minne genoß,
Die nicht Minne in sich selber hat,
Sie werde zuvor von dir beweget.

Nun spricht die Seele zu den Sinnen, die ihre Kämmerer sind: Nun bin ich eine Weile tanzens müde. Weichet, ich muß gehen, daß ich mich auskühle. So sprechen die Sinne zu der Seele: Fraue, wollt ihr euch kühlen in den Minneträhnen von Sankt Maria Magdalena? Das mag euch wohl genügen.

Seele: Schweigt, ihr Herren, ihr wißt alle nicht, was ich meine!
Laßt mich ungehindert sein! Ich will ein wenig trinken den ungemischten Wein. ...
Sinne: Fraue, wollt ihr euch minniglich kühlen,
So neiget euch in der Jungfrau Schoß
Zu dem kleinen Kind und seht und schmeckt,
Wie der Engel Freude von der ewigen Magd
Die übernatürliche Milch sog.
Seele: Das ist ein kindlich Lieben,
Kinder säugen und wiegen!
Ich bin eine vollerwachsne Braut,
Ich will gehen nach meinem Traut.
Sinne: O Fraue kommest du dar (hin),
So müssen wir erblinden gar;
Denn die Gottheit ist so feurig heiß,
Wie du es wohl selber weißt,
Daß alles Feuer und alle Glut,
Was im Himmel und allen Heiligen leuchten tut
Und brennet, das ist alles geflossen
Heraus aus deinem göttlichen Atem
Und von seinem menschlichen Munde
Nach dem Rate des heiligen Geistes.
Wer mag da bleiben nur eine Stunde?
Seele: Der Fisch kann in dem Wasser nit ertrinken,
Der Vogel in der Luft nit versinken,
Das Gold tut in dem Feuer nit verderben,
Es mag sich nur klarer und leuchtender färben.
Gott hat allen Kreaturen das gegeben,
Daß sie ihrer Nature pflegen.
Wie möchte ich meiner Natur widerstehn?
Ich muß von allen Dingen zu Gott hingehn,
Der mein Vater ist von Natur,
Mein Bruder durch seine Menschheit,
Mein Bräutigam von Minne
Und ich sein ohne Anfang.
Wähnt ihr, daß ich das nicht empfinden mag?
Er kann beides, kräftig brennen und tröstlich kühlen.
Nun betrübt euch nicht zu sehr!
Ihr sollt mich noch lehren!
Wenn ich wiederkehre,
Bedarf ich eurer Lehre wohl;
Denn das Erdreich ist mancher Stricke (Fallstricke) voll.

So geht die Allerliebste zu dem Allerschönsten in die verborgnen Kammern der unschuldigen Gottheit. Da findet sie der Minne Bette und Minne Gelaß und Gott und Mensch bereit. Da spricht unser

Die Eitelkeit oder Der Narr und das nackte Mädchen. Meister G. S., Kupferstich um 1460. Immer wieder wird die Frau als eitel und von jedem Narren verführbar dargestellt.

Herr: Steht, Frau Seele! – Was gebietest du, Herr? – Ihr sollt aus sein! – Herr, wie soll mir dann geschehen? – Frau Seele, ihr seid so sehr genaturet in mich, daß zwischen euch und mir irgend etwelches nicht sein mag. Es ist kein Engel so hehr, dem das eine Stunde würde verliehen, das euch ewiglich ist gegeben. Darum sollt ihr von euch legen beides, Furcht und Scham und alle äußere Tugend. Einzig was ihr in euch traget von Natur aus; das sollt ihr ewiglich empfinden wollen. Das ist euer edles Verlangen und eure endlose Begierde. Die will ich ewiglich erfüllen mit meiner endlosen Milde.

Herr, nun bin ich eine nackte Seele
Und du in dir selber ein wohlgezierter Gott.
Unser zweier Gemeinschaft
Ist ewige Lust ohne Tod. –
Da geschieht eine selige Stille
Nach ihrer beider Wille.
Er gibt sich ihr und sie gibt sich ihm.
Was ihr nun geschieht, das weiß sie
Und dessen getröste ich mich.

Nun, dies mag nicht lang bestehn. Wo zwei Liebende heimlich zusammen kommen; Sie müssen oft ungeschieden voneinandergehen. – Lieber Gottesfreund, diesen Minneweg habe ich für dich geschrieben; Gott möge ihn in dein Herz geben! Amen."[104]

Ähnliche Visionen kennen wir auch von anderen Beginen und Nonnen. Anders als bei Hildegard von Bingen steht im Mittelpunkt dieser Mystik das *persönliche* Verhältnis zu Gott, zu Jesus, das als ein Liebesverhältnis zwischen Mann und Frau beschrieben wird, eine zärtliche, gewaltfreie Erotik. Es gibt auch mystische Visionen, in denen das persönliche Verhältnis als das der Mutter zum Kind – Maria zum Jesuskind – beschrieben wird, in denen die Mystikerinnen meinen, das Kind Jesus selbst zu stillen.

In sehr vielen Klöstern und Beginen-Häusern wird diese Art von Mystik gepflegt, die sich zu körperlichen Wahrnehmungen, Stigmatisierungen, steigern kann. Sie wird von Zeitgenossen, vor allem aber von späteren Autoren als ungesund, hysterisch, krankhaft übersteigert bezeichnet, ohne daß darüber nachgedacht wird, warum Frauen auf solche Auswege verfallen mußten und daß sich in solchen Visionen eine Sehnsucht nach einem anderen Leben als dem freiwillig-erzwungenen tatsächlichen Dasein ausdrückt.

Daß gelegentlich – späterhin vielleicht häufig – diese Sehnsucht auch in handfeste Praxis umgesetzt wurde, davon zeugen die zahlreichen Klagen über die „Verwahrlosung" oder „Verwilderung" der Klöster, über schwangere Nonnen oder die aufgefundenen Liebesbriefe.

Wenn Sexualität durch die kirchliche Lehrmeinung verteufelt wird, schafft sie sich andere Kanäle.

In Mechthilds Büchern finden sich aber auch pantheistisch-häretische Gedanken, so, wenn sie über Maria schreibt: „Ihr Sohn ist Gott und sie die Göttin."[105] Oder:

„Frau Erkenntnis, ich bin edel und frei geboren. ... *Die heilige Dreifaltigkeit und alles, was Himmel und Erde trägt, muß mir ewig untertan sein.* Lasse ich nun die Minne gewaltig über mich, also daß ich ihr stillhalte, daß sie mich möge binden in der heiligen Geduld, daß ich nicht vermehre meine Schuld, so leitet sie mich denn in die edle Sanftmütigkeit, daß ich zu allen guten Dingen muß sein bereit, und spannt mich in starken Gehorsam, daß ich Gott und allen Kreaturen lieblich muß untertan sein."[106]

In den späteren Büchern ist sie bemüht, sich zu verteidigen. Wir können einigen Texten entnehmen, daß sie zumindest zeitweilig vom Abendmahl ausgeschlossen war, daß das Buch verbrannt werden sollte und sie selbst stark angefeindet war. Ähnlich wie Hildegard verteidigt sie sich, daß sie dies Buch nicht aus eigenem Willen schrieb, sondern den Auftrag von Gott dazu hatte, und daß sie als Frau ein solches Buch schreibt:

„Ich ward vor diesem Buche *gewarnt.*
Und ward mir von Menschen also gesagt:
Wollte man es nicht bewahren,
Es möchte *ein Brand drüber fahren.*

Da tat ich, wie ich von Kindheit an pflag, wenn ich je betrübt war, so mußte ich beten. Da neigte ich mich zu meinem Liebe und sprach:

Eia Herr, nun bin ich betrübet.
Soll ich von deiner Ehre nun ungetröstet bleiben?
Du hast mich verleitet,
Du selber hießest es mich schreiben!
Da offenbarte sich Gott meiner traurigen Seele
Und hielt dies Buch in seiner rechten Hand.
Und sprach: Meine Liebste, betrübe dich nicht zu sehr,
Die Wahrheit mag niemand verbrennen!
Der mir das Buch aus der Hand mag nehmen,
Der muß stärker sein als ich!
Dieses Buch ist dreifaltig
Und bezeichnet alleine mich.

Dies Pergament, das hier herumläuft, bezeichnet meine reine, weise, gerechte Menschheit, die für dich den Tod leidet. Die Worte bezeichnen meine Gottheit, die da fließet von Stunde zu Stunde in deine Seele aus meinem göttlichen Munde. Die Stimme der Worte bezeichnet meinen lebendigen Geist und vollbringt in sich selbst die rechte Wahrheit. Nun sieh an alle diese Worte, wie lieblich sie mein Geheimnis melden und zweifle nicht an dir selber.

Eia Herre, wäre ich ein gelehrter, geistlicher Mann,
Und hättest due dies große Wunder an ihm getan,
So möchtest du durch ihn einige Ehre empfangen.
Wie soll man dir aber nun zutrauen,
Daß du in den unflätigen Pfuhl
Hast ein golden Haus gebauen. ..."[107]

Angefeindet wurde sie offensichtlich nicht wegen ihrer erotischen Sprache. Dazu hatten mittelalterliche Menschen noch ein positiveres Verhältnis als etwa Theologen des 19. und 20. Jahrhunderts. Anlaß zur Kritik waren ihre kirchenkritischen, häresieverdächtigen Ausführungen. Ein beispielhafter Text ist der folgende von der „Dirne", dem Mädchen, für das Johannes der Täufer die Messe liest. (Vielleicht meint sie sich selbst mit dem Mädchen, das anderweitig keinen Zugang zu den Sakramenten hat, weil sie ausgeschlossen war?)

Für dieses arme Mädchen füllt sich die Kirche mit Blumen und Kerzen, mit Heiligen, Engeln und Märtyrern, mit den Aposteln und der Gottesmutter Maria. Das Mädchen betritt den Chorraum auf Einladung Marias, vor der sich alle verneigen, „weil ihr Gott die größte Ehre hat gegeben". Der Evangelist Johannes persönlich hört ihre Beichte, Johannes der Täufer feiert die Messe, verwandelt die Oblate in das Lamm, das Symbol für Jesus Christus, und legt es ihr in den Mund zur geheimnisvollen Vereinigung.

Ich denke, mit dieser Geschichte von der Messe des armen Mädchens will Mechthild in verschleierter Form ausdrücken, daß sie nicht auf die realen Priester als Mittler angewiesen ist – sie hat einen direkten Zugang, den ihr niemand streitig machen kann.

„Von der armen Dirne, von der Messe Johannes des Täufers, von der Verwandlung der Oblate in das Lamm, von der Engel Schönheit, von viererlei Leute Heiligkeit und vom goldnen Pfennig.

Eia, lieber Herr, wie nützlich es sei, daß ein Mensch von gutem Willen ist, sowie daß es *der Werke nicht bedarf,* das zeigte unser lieber Herr einer armen Dirne, da sie nicht mehr mochte allein sein, doch leider zu seinem Dienst noch nicht taugte.

Da sprach sie also zu Gott:
Eia, lieber Herre mein
Soll ich heute ohne Messe sein?

In diesem Verlangen nahm ihr Gott alle ihre irdischen Sinne und brachte sie durch ein Wunder in eine schöne Kirche. Da fand sie niemanden darin. Da dachte sie: O weh, du Vielarme, traurige! Nun bist du zu spät gekommen, weil du nicht aufgestanden bist. Das mag dir hier wenig frommen. Da sah sie einen Jüngling kommen, der brachte einen Büschel weißer Blumen. Die streute er unten in dem Turme und ging fort. Da kam ein andrer und brachte einen Bund Veilchen, die streute er mitten in die Kirche. Da kam abermals einer und brachte einen Strauß Rosen, die streute er schön vor unsrer Frauen Altar. Da kam ein vierter und brachte ein Gebind weißer Lilien und streute sie in dem Chore. Da sie dies hatten getan, da neigten sie sich schön und gingen hinweg. Diese Jünglinge waren also edel und schön anzusehen, daß man darüber aller menschlichen Pein vergessen mochte. Wer sie recht ansehen könnte, alle seine Pein müßte vergehen!

Da kamen zwei Schüler mit weißen Gewändern, die brachten zwei Lichte. Die setzten sie auf den Altar. Da gingen sie gar zierlich und blieben in dem Chore. Da kam ein ungleich großer Mann. Der war sehr mager und doch nicht alt. Seine Kleider waren also ärmlich, daß ihm an Armen und Beinen das Nackte durchblickte. Der trug ein weißes Lamm an seiner Brust und zwei Ampeln brachte er an seinen Fingern. Da ging er zu dem Altar und setzte das Lamm darauf und neigte sich lieblich davor. Das war Johannes Baptista, der sollte die Messe singen.

Da kam ein Jüngling, von zartem Wesen in seinem Gebaren. Der trug einen Adler an seiner Brust. Das war Johannes Evangelista.

Da kam ein einfältiger Mann, Sankt Peter.

Da kam ein großer Jüngling, der brachte ein Bündel Meßgewänder. Damit kleideten sich die drei Herren.

Da kam eine große Schar, das war das mächtige Gesinde des Himmelreiches, das füllte die Kirche also voll, daß die arme Dirne keine Stelle konnte finden, wo sie hätte bleiben mögen. Da ging sie hinab in den Turm. Da fand sie einesteils Leute in weißen Gewändern, die hatten kein Haar, aber sie hatten einfache Kronen auf ihren Häuptern. Das waren jene, die nicht hatten gelebt nach der (neuen) Ehe! Die Zierde des Haares — das sind die guten Werke — hatten sie nicht. Womit waren sie denn zum Himmelreich gekommen?

Mit Reue und mit gutem Willen an ihrem Ende. Ferner fand sie noch schöne Leute, gekleidet mit vielfarbigen Kleidern, die waren gezieret mit schönem Haar der Tugenden und gekrönet mit Gottes Bund. Noch fand sie schöner Leute viel, die waren mit rosenfarbnen Kleidern bekleidet, die hatten ein schönes Abzeichen der Witwen und eine Krone der freiwilligen Keuschheit. Die arme Dirne war schlecht gekleidet und war krank am Leibe und bei den dreien Scharen mochte sie nimmer bleiben. Da ging sie vor den Chor stehn und sah hinein, wo unsre liebe Frau an der höchsten Stelle stand und Sankt Katharina, Cäcilie und viel Bischöfe, Märtyrer, Engel und Jungfrauen. Da die arme Dirne diese große Versammlung sah, da sah sie auch sich selber an, ob sie bleiben dürfte bei ihrer Geringheit. Da hatte sie um einen rotbraunen Mantel, der war gemacht nach dem Rot der Minne und nach dem Braun der Sinne und nach allen guten Dingen. Der Mantel war gezieret mit Gold und auch mit einem Liede. Das klang also: *Ich stürbe gern vor Minne.*

Sie sah sich auch einer edlen Jungfrau gleich und trug auf ihrem Haupt eine Schapel herrlich von Golde, darein war gelegt wieder ein Lied, das klang also:

Seine Augen in meinen Augen,
Sein Herze in meinem Herzen,
Seine Seele in meiner Seele,
Umfangen und unverdrossen.
Und ihr Antlitz sah sich selber den Engeln gleich.
O weh, ich Unglückselige,
Wie ist mir nun geschehen!
Sonst bin ich leider so selig nit,
Als ich mich da hab gesehen.

Alle, die in dem Chore waren, die sahen sie mit einem süßen Lachen an. Da winkte ihr unsere Fraue, da sie bei Katharina stand. Da ging sie zu unsrer lieben Fraue hin, weil es selten mag geschehen, daß sie Gottes Mutter möchte sprechen und sehen. ‚Eia, du liebe Wolgemut!' Das nahm sie für gut, daß die unedle Krähe bei der Turteltaube stand.

Alle, die in dem Chore waren, die waren bekleidet mit leuchtendem Golde. Und waren umgeben von einer schwebenden Wonne, klarer denn die Sonne. ...

Darnach tat der selbe Priester, der in seiner Mutter Leibe geweihet war mit dem heiligen Geiste, die stille Messe. Da er die weiße Oblate nahm in seine Hände, da hob sich das Lamm auf, das auf dem Altare stand, und fügte sich mit den Worten unter die Zeichen seiner Hand in die Oblate und die Oblate fügte sich in das Lamm, also daß ich die Oblate nicht mehr sah, aber ein blutig Lamm, hängend an einem roten Kreuze.

Mit also süßen Augen sah es uns an,
Daß ich es nimmer vergessen kann.

Da bat die arme Dirne unsre liebe Frau also: Eia liebe Mutter, bitte deinen Herrn Sohn, daß er sich selber mir Armen wolle geben. Da sah sie, wie ein leuchtender Strahl schien aus unsrer Frauen Mund auf den Altar und rührte das Lamm mit ihrem (der Mutter) Gebet, also daß Gott selber aus dem Lamm sprach: Mutter, ich will mich gerne legen in die Stätte deines Wunsches. Da ging die arme Dirne zu dem Altar mit großer Liebe und mit einer offnen Seele. Da nahm Sankt Johannes das weiße Lamm mit seinen roten Wunden und legte es ihr in den Mund. Da legte sich das reine Lamm auf sein eigen Bild in seinen Stall und sog ihr Herz mit seinem süßen Munde. Je mehr es sog, je mehr sie es ihm gönnte.

Je nun, die, der dies geschah, die ist tot und hingefahren. Gott helfe uns, daß wir sie noch mögen sehen in der Engel Schar! Amen."[108]

Es war umstritten, ob Johannes der Täufer als Vorläufer Jesu berechtigt sein konnte, die Sakramente zu verwalten. Mechthild wird vermutlich vorgeworfen, damit auch dem Laienpriestertum das Wort zu reden. Im sechsten Buch verteidigt sie sich noch einmal ausdrücklich für diese Geschichte:

„Man mag göttliche Gabe mit menschlichen Sinnen nicht begreifen, darum versündigen sich die Leute, die nicht haben den offnen Geist der unsichtbaren Wahrheit. Was man mit fleischlichen Augen mag sehen, mit fleischlichen Ohren mag hören, mit fleischlichem Munde mag sprechen, das ist also verschieden von der offnen Wahrheit der minnenden Seele, als ein Wachslicht von der klaren Sonne.

Daß Johannes Baptista der armen Dirne Messe sang, das war nicht fleischlich; es war also geistlich, daß die Seele allein es erschaute und genoß. Der Körper hatte nichts davon. Aber weil er der Seele Edelkeit mit seinen menschlichen Sinnen begreifen soll, müssen die Worte menschlich lauten.

Mein *Pharisäer* warf die Rede auf: Johannes Baptista wäre ein Laie. Das Allerheiligste, das in der Messe ist, das ist Gottes Leib. Denselben Gottessohn berührte Johannes Baptista mit demütiger, bebender Furcht in also großer Würdigkeit seines heiligen Lebens, daß er des himmlischen Vaters Stimme hörte und seine Worte vernahm und den heiligen Geist sah und erkannte in ihnen beiden. Johannes Baptista predigte auch öffentlich allen Leuten den heiligen Christenglauben und wies mit seinen Fingern den Leuten den wahren Gotteslohn, der da gegenwärtig war: Ecce agnus dei! Wie Johannes Baptista Gottes Wort sprach, so mag es kein Papst, noch Bischof, noch Priester vollbringen, als allein mit unserm übersinnlichen Christenglauben. War das ein Laie? Bewahret mich, ihr Blinden! Euer Lügen und euer Haß wird euch nimmer vergeben ohne Pein."[109]

Mechthilds Mystik ist weibliche Frömmigkeit, weibliche Theologie. Im Unterschied zur Theologie Hildegards wird von ihr das persönliche Verhältnis des Menschen zu Gott thematisiert. Dabei ist der — häretische — Gedanke beinah zwingend: Was oder wo ist Gott ohne den Menschen. Und die Schlußfolgerung heißt: Er ist in allen Dingen, also auch im Menschen. Die pantheistische Lehre von der Vergottung des Menschen ist nur ein weiterer Schritt in diese Richtung.

Mechthild drückt dies Verhältnis von Mensch und Gott noch anders aus: Menschen sind einfach nötig, damit ein anerkennendes Gegenüber da ist, und auch das weibliche, liebende Element, das der Trinität fehlt.

Von dem Beginn aller Dinge, die Gott hat geschaffen

„Eia, Vater aller Güte, ich unwürdiger Mensch danke dir in aller Treue, daß du mich hast gezogen aus mir selber in dein Wunder, also Herr, daß ich in deiner ganzen Dreifaltigkeit habe gehört und gesehen den hohen Rat, der vor unsrer Zeit ist geschehen,

Da du Herr warst beschlossen in dir selber allein
Und deine Wonne war niemand gemein.

Da leuchteten die drei Personen also schön ineinander, daß ihrer jede durch die andre schien und waren doch ganz eins in einem. Der Vater war geziert in sich selber im männlichen Gemüte der Allmächtigkeit und der Sohn war gleich dem Vater an unzähliger

Weisheit, und der heilige Geist in beiden gleich an voller Milde. Da spielte der heilige Geist dem Vater ein Spiel mit großer Holdheit und schlug die heilige Dreifaltigkeit auf und sprach zu ihr: ‚Herr, lieber Vater, ich will dir aus dir selber heraus einen milden Rat geben: Wir wollen nicht länger unfruchtbar sein. Wir wollen haben ein geschaffen Reich und wollen die Engel nach mir bilden, daß sie ein Geist seien mit mir und das andre soll der Mensch sein.

Denn, lieber Vater, daß heißet Freude allein,
Daß man sie in großer Minne
Und in unzähliger Wonne vor dir mache allgemein.'
Darauf sprach der Vater: ‚Du bist ein Geist mit mir,
Was du willst und ratest, das behaget mir!
Da ward der Engel geschaffen.
Ihr wißt wohl, wie es dann kam.
Wäre der Engel Fall vermieden (worden)!
Nun mußte der Mensch geschaffen werden.
Der heilige Geist teilte mit den Engeln seine Sänftigkeit,
Daß sie uns dienen und sich freuen aller unsrer Seligkeit.'
Darauf sprach der ewige Sohn mit großer Zucht:
‚Lieber Vater, meine Natur soll auch bringen Frucht.
Nun wollen wir wunders beginnen,
Wir bilden den Menschen nach mir;
Obschon ich großen Jammer ersehe -
Ich muß ihn nun ewiglich minnen.'
Da sprach der Vater: ‚Sohn,
Auch mich rührt starke Lust
In meiner göttlichen Brust,
Und mich verfolgt die Minne.

Wir wollen fruchtbar werden, auf daß man uns wieder minne und unsre große Ehre ein wenig erkenne. Ich will mir selber machen eine Braut, die soll mich mit ihrem Munde grüßen und mit ihrem Anblick verwunden. Dann erst beginnt die Minne.'

Da sprach der heilige Geist zu dem Vater: ‚Ja, lieber Vater, die Braut will ich dir zum Bette bringen.'

Da sprach der Sohn: ‚Vater, ich soll sterben vor Minne, du weißt es wohl. So laßt uns diese Dinge mit großer Heiligkeit fröhlich beginnen.' Da neigte sich die heilige Dreifaltigkeit in die Geschaffenheit aller Dinge und machte uns Leib und Seele in unnennbarer Minne. Adam und Eva wurden gebildet von edelster Art nach dem ewigen Sohne, der ohne Anfang von seinem Vater ist geboren. Da teilte der Sohn mit Adam seine himmlische Weisheit und seine irdische Gewalt,

Also daß er hatte in vollkommner Minne
Wahre Erkenntnis und heilige Sinne.

Und daß er gebieten mochte allen irdischen Kreaturen. Das ist uns nun von Nutzen. Da gab Gott (der Sohn) Adam aus herzlicher Liebe eine züchtige, edle, zierliche Jungfrau, das war Eva, und teilte ihr mit seine minnigliche eheliche Zucht, die er selber seinem Vater zu Ehren trug. Ihre Leiber sollten rein bleiben, Gott schuf ihnen nie beschämende Leiden, und sie waren bekleidet mit Engelsgewändern. Ihre Kinder sollten sie gewinnen in heiliger Minne, wie die spielende Sonne in das Wasser scheint und doch das Wasser unverletzet bleibt. Aber da sie aßen die verbotene Speise, da wurden sie beschämend verschaffen, veränderten sich in die heutige Erscheinung. Hätte uns (heutige Menschen) die heilige Dreifaltigkeit also engelgleich geschaffen, so vermöchten wir uns nicht zu schämen.

Der himmlische Vater teilte mit der Seele seine göttliche Minne und sprach: ‚Ich bin Gott aller Götter, du bist aller Kreaturen Göttin und ich gebe dir meine Hand, Treue, daß ich dich nimmer verwerfe. Willst du dich nicht verlieren, so sollen dir meine Engel ohne Ende dienen. Ich will dir meinen heiligen Geist zu einem Kämmerer geben, daß du unwissend in keine Todsünde magst fallen und ich gebe dir ... freien Willen. Liebe vor allem Liebe und sieh dich in allem weislich vor!

Du sollst halten ein klein Gebot,
Auf daß du gedenkst, daß ich bin dein Gott.
Die Seele, die viel reine Speise,
Die sich Gott verlobt in dem Paradeise,
Die sollte in großer Heiligkeit
Mit ihrem Leibe bleiben.'

Aber da sie die ungeeignete Speise, die ihrem reinen Leibe nicht zukam, aßen, da wurden sie also davon vergiftet, daß sie der Engel Reinheit verloren und der magdlichen Keuschheit vergaßen.

Da schrie die Seele in großer Finsternis manches Jahr nach ihrem Lieb mit kläglicher Stimme und rief:

‚O Herr, wohin ist kommen deine übersüße Minne?
Wie sehr hast du verkebst deine ehliche Königinne!
— Dies ist der Propheten Sinn.
O großer Herr, wie magst du erleiden diese lange Not,
Daß du nicht tötest unsern Tod!
Du wolltest doch werden geborn!
Aber Herr, all dein Tun
Ist ja doch vollkommen, so ist es auch dein Zorn.'

Da erhob sich aber ein hoher Rat in der heiligen Dreifaltigkeit. Da sprach der ewige Vater: ‚Mich reuet meine Arbeit; denn ich hatte meiner heiligen Dreifaltigkeit eine also löbliche Braut gegeben, daß die höchsten Engel ihre Diener sein sollten. Ja, wäre auch Lucifer in seinen Ehren geblieben, sie hätte seine Fürstin sein können! Denn ihr allein war das Brautbett gegeben. Da wollte sie mir nicht länger gleich sein. Nun ist sie verschaffen und greulich gestaltet. Wer möchte den Unflat an sich nehmen?'

Eia, da kniete der ewige Sohn vor seinen Vater und sprach: ‚Lieber Vater, das will ich sein. Gib mir deinen Segen. Ich will gerne die blutige Menschheit an mich nehmen und ich will des Menschen Schmerzensblößen salben mit dem Blut meiner Unschuld und will aller Menschen Wunden verbinden mit einem Tuche der elenden Schmach bis an mein Ende, und ich will, trauter Vater, des Menschen Schuld mit menschlichem Tode abtragen.' Da sprach der heilige Geist zu dem Vater: ‚O allmächtiger Gott, wir wollen eine schöne Prozession haben und wollen mit großen Ehren wandeln unvermischt von unsrer Höhe hernieder. Ich bin doch Mariens Kämmerer einst gewesen.'

Da neigte sich der Vater in großer Minne zu ihrer beider Willen und sprach zu dem heiligen Geiste: ‚Du sollst mein Licht vor meinem lieben Sohn hertragen in alle die Herzen, die er mit meinen Worten soll bewegen, und du, Sohn, du sollst dein Kreuz aufnehmen. Ich will mit dir wandeln alle deine Wege und ich will dir eine reine Jungfrau zur Mutter geben, daß du die unedle Menschheit ehrenvoll tragen magst."[110]

Solche Texte haben sicher zum Verdacht der Ketzerei und zu Verfolgungen geführt.

Vermutlich aufgrund der Anfeindungen hat sich Mechthild 1273 ins Kloster Helfta zurückgezogen, wo sie bis zu ihrem Tode 1285 als Dominikaner-Nonne lebte – als einzelne Begine war es offensichtlich zu gefährlich und mühselig für sie. Kloster Helfta war zudem ein Zentrum mystischer Frömmigkeit unter seiner Äbtissin Gertrud von Hackeborn.

Margarete Porete

Vom Leben Margarete Poretes (oder Porrette, Poirette) ist nur wenig bekannt – sicher ist ihr Tod auf dem Scheiterhaufen 1310. Vermutlich wurde sie zwischen 1250 und 1260 geboren im Hennegau, bei Valenciennes (Nordostfrankreich). Ihre sorgfältige Erziehung läßt darauf schließen, daß sie aus dem städtischen Patriziat stammte, und ihr Buch, „Der Spiegel der einfachen Seele", daß sie als Begine lebte und mit der Beginenmystik vertraut war.

Maria Magdalena verkündigt den Jüngern die Auferstehung Jesu. Die Figur der Maria Magdalena war bei Nonnen und Beginen besonders beliebt – vermutlich eine Identifikationsfigur für sie.

Sie hat das Buch wohl als junge Frau geschrieben – daneben auch biblische Texte aus dem Lateinischen ins Französische übersetzt – und sich sicherheitshalber Gutachten von angesehenen Theologen (1285/86) dazu verschafft. Die Weltgeistlichen jedoch – die Bischöfe im Nordosten Frankreichs – witterten Ketzerei. 1300 ließ der Bischof von Valenciennes das Buch zum ersten Mal verbrennen. Das bedeutete auch, daß niemand eine Abschrift davon besitzen, geschweige denn verbreiten durfte. Dennoch wurde es weitergereicht, unter anderem auch von Margarete selbst, die öffentlich – in Konventen oder auf Märkten – daraus vorlas. Schließlich wurde sie erneut der Ketzerei bezichtigt und in Paris, etwa 1307, eingekerkert. Trotz vieler Bemühungen, sie zum Widerruf zu bewegen, weigerte sich Margarete standhaft, die aus dem Zusammenhang gerissenen als häretisch bezeichneten Sätze zu widerrufen. Das Gericht beschäftigte 21 theologische Gutachter, die einstimmig auf Ketzerei erkannten – offensichtlich sollte ähnliches schon im Keim erstickt werden! Am 1. Juni 1310 wurde Margarete Porete als rückfällige Ketzerin in Paris verbrannt.

Dennoch wurde die Handschrift ins Lateinische, Italienische, Englische – wohl auch ins Deutsche – übersetzt und in vielen Klöstern und Beginenkonventen verbreitet. Es wird vermutet, daß Meister Eckart Gedankengänge Margaretes in seiner Mystik verarbeitet hat.

Anders als die Mystik Mechthilds von Magdeburg ist die Liebesmystik Margarete Poretes eher kühl und abstrakt. Schon der Titel ihres Buches „Spiegel" deutet darauf hin, daß hier ein didaktisches Buch beabsichtigt war. In wissenschaftlicher, theologisch-spekulativer Prosa zeigt Margarete, wie sie sich den Weg zu Gott vorstellt; nur gelegentlich wechselt sie zu Vers-gebundener Rede, wenn Prosa nicht mehr auszureichen scheint, die mystische Liebe auszudrücken. Der „Spiegel" ist nicht für das „Volk" geschrieben, wie die „einfachen Seelen" nahezulegen scheinen. Der Begriff meint Menschen, deren Seelen nicht „zerstreut" sind durch vielerlei Tätigkeiten oder Leidenschaften, er meint Konzentration auf das Wesentliche, die Liebe zu Gott. Diese Konzentration ist aber keine bewußte Willensanstrengung, sie ist Hingabe und Aufgabe jedes eigenen Wollens. Margarete benutzt dafür den Ausdruck „vernichtigte Seele".

Wie viele mittelalterlichen AutorInnen bedient sich auch Margarete literarisch der *Gesprächsform.* Sie personalisiert einzelne Begriffe – die Liebe, die Vernunft, die Seele u. a. – und läßt sie miteinander diskutieren.

„DIE LIEBE: So sagt mir eure Gedanken, spricht die Liebe, denn ihr sollt sie mir nicht verheimlichen.

DIE SEELE: Frau Liebe, spricht die Seele, ich will sie euch darlegen. Ihr habt mir gesagt, daß derjenige, der in sich und aus sich ist und ohne Anfang ist, niemals etwas lieben werde ohne mich, noch ich ohne ihn.

DIE LIEBE: Das ist die Wahrheit, spricht die Liebe, ich bestätige es euch.

DIE SEELE: Also, da er niemals, das heißt ohne Ende, etwas lieben wird ohne mich, behaupte ich denn, es folge daraus, daß er niemals je irgend etwas ohne mich geliebt hat. Daher nun, da er durch die Liebe ohne Ende in mir sein wird, wurde ich von ihm auch ohne Anfang geliebt.

DIE VERNUNFT: Paßt auf, was ihr sagt, Frau Seele! spricht die Vernunft. Habt ihr vergessen, daß es nicht lange her ist, seit ihr erschaffen wurdet und ihr noch keineswegs waret? Bei Gott, sehr liebwerte Seele, gebt acht, daß ihr nicht in Irrtum fallet! ... Wenn ich von den drei Personen der Dreieinigkeit unendlich geliebt bin, wurde ich auch von Anfang an geliebt. Denn wie er [Gott] mich in seiner Güte ohne Ende lieben will, ganz ebenso war ich im Wissen seiner Weisheit gewesen, damit ich erschaffen würde durch das Wirken seiner göttlichen Macht. Also denn, da ich, seit Gott ist, der ohne Anfang ist, im göttlichen Wissen existiert habe, und zwar so, daß ich kein Ende haben würde, liebte er folglich von da an, spricht die Seele, in seiner Güte das Werk, das er in mir aus seiner göttlichen Macht zu vollbringen gedachte."[111]

Dieser wie auch der folgende Text gehört zu den als ketzerisch eingestuften – vermutlich, weil die Seele davon spricht „daß er niemals irgend etwas ohne mich geliebt hat". Auch „daß sie sich innerlich keine Vorhaltungen macht, wenn sie die Werke der Tugend nicht ausführt oder wirkt", dürfte als ketzerisch verurteilt worden sein:

„Der erste Bereich, in dem diese Seele frei ist, besteht darin, daß sie sich innerlich keine Vorhaltungen macht, selbst wenn sie die Werke der Tugend nicht ausführt oder wirkt.

Der zweite Bereich besteht darin, daß sie keinerlei Willen mehr habe – nicht mehr als ihn die Toten in ihren Gräbern haben – außer einzig nur den göttlichen Willen. Eine solche Seele kümmert sich weder um Gerechtigkeit noch um Barmherzigkeit. Sie gründet und setzt alles in den alleinigen Willen dessen, den sie liebt.

Die dritte Richtung ist die, daß sie glaubt und daran festhält, daß niemand je gewesen, noch einer sei und je sein werde, der schlechter wäre als sie, daß aber niemals einer mehr geliebt worden sei von jenem, den sie liebt, als sie selbst geliebt ist. Merkt euch dies, doch versteht es nicht falsch!

Der vierte Bereich besteht darin, daß sie glaubt und daran festhält, daß es nicht möglich sei, daß Gott etwas anderes denn Gutes wollen könne. Gleichfalls hält sie daran fest, daß es ebenso unmöglich sei, daß sie etwas anderes wollen könne als seinen göttlichen Willen."[112]

Margaretes Interpretation von Bibeltexten ist eine sehr eigenwillige. Als Beispiel wähle ich eine Betrachtung über Maria Magdalena. Nach mittelalterlicher Auffassung wurden Maria Magdalena und Maria aus Bethanien (die Schwester Marthas) in eins gesehen.[113]

Die Geschichte von Maria und Martha wiederum wurde gern als Gegenüberstellung des aktiven Lebens (Martha) zum kontemplativen (Maria) angesehen. Margarete Porete – und mit ihr viele religiöse Frauen – bevorzugen eindeutig das Modell des kontemplativen Lebens und sehen es im Text (Luk. 10,38-42) durch Jesus selbst bestätigt:

„Nachher dann betrachtete ich die liebwerte Magdalena, und welchen Dienst sie bei der Ankunft von Jesus Christus diesem ihrem Gast gegenüber verrichtete. Er befand sich häufig im Hause der Maria, in großer Vertrautheit mit ihr und mit seinen Aposteln. Doch machte ihr dies nichts aus, denn Maria rührte sich nicht, was für Arbeiten hier drin nun auch zu tun gewesen wären. Und angenommen, daß unser Herr Jesus Christus oft vollständig barfuß eintraf, und das sein gesegnetes Haupt abgearbeitet war, und daß er ganz nüchtern und ganz ermüdet und von allen abgewiesen worden war – er hatte nämlich niemanden gefunden, der ihm zu trinken oder zu essen gegeben hätte –, und daß Magdalena all dies wußte, so rührte sie sich doch nicht wegen etwas, das seinem Leibe mangelte. Und sie überließ es Martha, ihrer Schwester, ihn zu bedienen, was ihre Aufgabe war. Doch ihn zu lieben, überließ sie nur sich selbst.

Ich betrachtete Maria auch da, wo sie Jesus Christus, unseren Herrn, im Grabe suchte, ihn jedoch nicht fand. Sie fand da aber zwei Engel, die zu ihr sprachen, indem sie sich anerboten, sie zu trösten. Maria fand indes keinerlei Trost, nicht mehr, als wenn zwei Schatten gewesen wären, die sich ihr anerboten hätten. Maria suchte die wahre Sonne, welche die Engel erschuf, und darum ver

„Der Teufel verführt betende Frauen zu Geschwätz und Gelächter". Aus: „Der Ritter von Turn", 1498.

Das Liebespaar. Buchminiatur. Um 1400.

mochte sie durch die Engel keinen Trost zu erfahren.

Ach, bei Gott, Maria! Die du schon solcherart warst, als du menschlicherweise aus Anhänglichkeit durch deinen von Zärtlichkeit übermannten Geist suchtest und liebtest, wie warst du erst, Freundin, als du nicht mehr suchtest und in der göttlichen Liebe vereinigt warst ohne Anhänglichkeit deines Geistes!"[114]

Anders als andere Minne-Mystikerinnen preist Margarete als ihren Geliebten nicht den „Bräutigam" Jesus Christus, sondern den Heiligen Geist. Bei ihr ist er – im Unterschied zu anderen Mystikerinnen wie Juliana von Norwich oder Mechthild von Magdeburg – nicht weiblich aufgefaßt. Möglicherweise wirkt ihr Liebeslied darum weniger sinnlich-körperlich als die Lieder Mechthilds, weil der Geliebte *Geist* ist.

„Denken bedeutet mir nichts mehr,
auch Werk nicht oder Rede.
Die Liebe zieht mich so hoch –
Denken nützt mir da nichts mehr –
durch ihre göttliche Herablassung,
daß ich keinerlei Verstandeskraft mehr habe.
Denken nützt mir da nichts mehr,
auch Werk nicht oder Rede.

Die Liebe ließ mich durch ihr Entgegenkommen
diese Liedverse erfinden.
Dies geschieht durch die reine Gottheit,
von der die Vernunft nicht zu sprechen versteht.
Und durch einen Freund
ohne Mutter, den ich habe,
der hervorgegangen ist
aus Gott dem Vater
und auch aus Gott dem Sohn.
Sein Name ist Heiliger Geist,
durch ihn habe ich im Herzen eine solche Verbindung,
daß er mich in Freude mich ergehen läßt.
Dies ist das Weideland:
mein Freund gibt es mir, wenn ich ihn liebe.

Ich will von ihm nichts erbitten,
dies wäre mir eine zu große Schlechtigkeit.
Ich muß mich vielmehr ganz darein ergeben,
einen solchen Geliebten zu lieben.

O Freund von edler Art,
ihr seid sehr zu loben!
Großzügig, freigebig ohne Maß,
die Summe aller Güte,
ihr wollt nichts mehr tun,
mein Freund, ohne meinen Willen.
Und deshalb darf ich nicht schweigen
über eure Schönheit und Güte.
Vielvermögend seid ihr für mich und lenksam,
ich vermag es nicht zu verheimlichen.
Doch Hilfe, wem soll ich es sagen?
Ein Seraph weiß nicht wie sprechen.

Freund, du hast mich gefangen in deiner Liebe,
um deinen großen Schatz mir zu schenken –
nämlich dich selbst als Gabe,
der du die göttliche Güte bist.
Kein Herz findet dafür den richtigen Ausdruck!
Doch reines Nichtwollen erahnt es,
es ließ mich hoch aufsteigen
durch Vereinigung in der Eintracht:
dies aber darf ich niemals entdecken.

Ich war einst gefangen gehalten
  im Gefängnis der Leibeigenschaft,
da das Verlangen mich einschloß
  im Wollen der Anhänglichkeit.
Da traf mich das Licht
  aus der Glut der göttlichen Liebe,
welches mein Wünschen sofort ertötete,
  mein Wollen auch und meine Begehrlichkeit.
Die hatten mich behindert bei meinem Vorhaben
  aus der Fülle der göttlichen Liebe.

Nun hat das göttliche Licht
mich aus dem Gefängnis befreit."[115]

Wenn wir nach der Faszination dieser Texte insbesondere für Frauen fragen, so denke ich: Sie gaben Frauen in Klöstern und religiösen Gemeinschaften, vielleicht auch einzeln lebenden Beginen, die Vergewisserung, „richtig" zu leben: in Kontemplation, im Bewußtsein, angenommen und geliebt zu sein. Wir könnten es auch negativ ausdrücken: Frauen, die sich auf diesen Weg der (Liebes-)Mystik begaben, mußten sich nicht um die Nichtigkeiten in der Arbeit um ihren Lebensunterhalt bemühen und auch nicht um die Schwierigkeiten in realen (Liebes-)Beziehungen. Möglicherweise hat die Neigung von Frauen heute zur Esoterik ähnliche Wurzeln und könnte als eine Weltflucht betrachtet werden. Wenn die Realität niederdrückend empfunden wird und die Ohnmachtsgefühle überhand nehmen, bietet sich die mystische Versenkung als Ausweg an.

Schwester Katrei aus Strassburg

Schwester Katrei gehört zu den bettelnden wandernden Beginen, die besonderer Verfolgung ausgesetzt waren. In ihrem Dialog mit ihrem Beichtiger (Meister Eckart?) warnt dieser sie vor einem solchen Leben. Sie beharrt jedoch darauf. Wir wissen nichts von ihrer Herkunft, ich vermute aber, daß sie nicht – wie Hildegard und Mechthild – dem Adel angehörte, sondern aus dem (Klein-)Bürgertum Straßburgs stammte, denn Meister Eckart war Beichtvater und Prediger bei den Dominikanerinnen; Schwestern dieses Ordens – und auch die Beginen Straßburgs – stammten in der Regel aus dem Bürgertum.

1317 wird sie vom Gebrauch der Sakramente ausgeschlossen. Im Dialog läßt sie Meister Eckart dazu sagen:

„Solange dich das berührt, daß man deine Beichte nicht hören will, noch dir Gottes Leib geben, noch dich niemand herbergen will und alle Menschen dich verschmähen, solange du etwas findest in dir, das dich berühren mag, so wisse, daß du dem rechten Tode fremd bist."[116]

Meister Eckart wird im selben Jahr von seinem Orden aus Straßburg in Sicherheit gebracht und nach Frankfurt versetzt. Für den prominenten, der Häresie verdächtigten Dominikaner wurde eilig etwas unternommen – was aus Schwester Katrei geworden ist, wissen wir nicht.

Der Dialog von Schwester Katrei mit ihrem Beichtiger ist dem Werk Meister Eckarts zugeschlagen worden. Dort finden wir ihn auch noch heute[117], auch wenn tadelnd von Theologen angemerkt wurde, daß diese Schrift wohl doch nicht von Meister Eckart selbst stammen könne – denn so radikal habe sich der große Meister ja nicht geäußert.

Der Anfang des Dialogs wird bestimmt von den Auslegungen und Forderungen des Beichtigers: Der Weg zur Seligkeit führt über die Einhaltung der Zehn Gebote, über die Einsicht in die eigene Sündigkeit und die Beichte dieser Sünden. Der „Tochter", Schwester Katrei, genügt dies alles jedoch nicht. Sie fragt beharrlich weiter. Sie teilt ihrem Beichtvater mit, daß sie ihn nicht braucht, der Heilige Geist selbst rät ihr. Sie verweigert dem Priester den Gehorsam; allein Gott will sie gehorchen, dazu Christus und – erstaunlicherweise! – drei Frauen: Maria Magdalena, Maria von Ägypten und Maria Salome!

Entgegen allen seinen Vorhaltungen besteht sie darauf, als Bettlerin ins Elend zu gehen, und begründet ihren Entschluß biblisch-theologisch, empfindet sich als gleichberechtigte Dialogpartnerin. Sie geht, um ihre Erfahrungen zu machen. Bei einem Wiedersehen mit dem Beichtiger stellt sie fest, daß sie eins bis jetzt noch nicht gelassen hat: sich selbst.

Als sie nach langer Zeit wieder mit ihm zusammentrifft, erkennt er sie nicht mehr. Sie gibt sich ihm zu erkennen, und von nun an sind die ursprünglichen Rollen vertauscht. *Sie* belehrt ihn, versucht ihm zu erklären, daß sie im Himmel war, daß sie selbst Gott geworden ist, daß es keine Hölle und kein Fegefeuer gibt.

Aus dem geistlich gelehrten Wissenden und Belehrenden ist einer geworden, der die „Tochter", sein ehemaliges Beichtkind, bittet, ihn zu belehren.

Dieser mystische Dialog ist nicht von der gewaltigen Sprache, die Hildegards oder Mechthilds Werk auszeichnet. Ich finde ihn aber erstaunlich in seinem klaren Aufbau und der Selbstverständlichkeit, mit der die Frau dem Mann, ihrem Beichtvater, einer geistlichen Respektsperson, selbstbewußt widerspricht, biblisch argumentiert, sich nicht zum Verstummen bringen läßt durch seine Autorität. Die Kritik an der Kirche und ihren Vertretern ist deutlich und wird keinen Augenblick zurückgenommen. Schließlich muß sich der Beichtiger überzeugen lassen, daß sie recht hat, daß ihr Weg der wahre ist.

Der folgende Originaltext ist ein von mir ins Hochdeutsche übersetzter Auszug.

„Er: Willst du denn mir nicht glauben, so glaube den Worten unseres Herrn Jesus Christus, der sprach: Nehmt euer Kreuz und folgt mir nach. Er sprach nicht: Nehmt mein Kreuz und folgt mir. Das mußt du so verstehen: Wenn du das tust, was du vermagst, so sollst du es dich genügen lassen; und wisse, daß damit auch Gott Genüge getan ist.

Sie: Habe ich getan, was ich vermochte?

Er: Was willst du tun?

Sie: Ich will lassen Ehre und Gut, Freunde und Verwandte und allen äußeren Trost, der mir von Menschen kommen mag.

Da sprach der Beichtiger: Willst du mich auch lassen?

Sie sprach: Ja, Herr. Soll ich alle Dinge lassen, so muß ich Euch auch lassen.

Er: Unternimm dieses nicht: Es ist Frauen nicht gegeben (so etwas zu leisten).

Sie: Ich weiß wohl, keine Frau kann in den Himmel kommen, wenn sie nicht ein Mann wird. Das sollt Ihr so verstehen: Sie müssen männliche Werke tun und müssen männliche Herzen haben, daß sie sich selbst widerstehen mögen und allen gebresthaften Dingen.

Er: Du hältst dich für stark, mich sollte wundern, wie du noch mehr leiden kannst, als du schon getan hast.

Sie: Ich kann alles das leiden, was Christus für mich gelitten hat.

Er: Das sind Reden.

Sie: Ich sage wahr. ... Wisset, solange ich lebe, will ich dem Rat des Heiligen Geistes folgen.

Er: Was rät der Heilige Geist?

Sie: Er rät mir, daß ich mich halte an die gewaltige Hand Gottes, und daß ich den Halt aller Menschen loslasse.

Er: Du willst übel.

Sie: Warum?

Er: Weil du meinem Rat nicht folgen willst. Wisse, daß Gehorsam eine Tugend ist.

Sie: Ich will gehorsam sein bis an meinen Tod ... Christus, dem himmlischen Vater, dem Johannes gehorsam war in der Wüste, und Maria Magdalena, Maria von Ägypten und Maria Salome.

Er: Es dünkt mich, daß du meinem Rat niemals mehr folgen willst.

Sie: Das ist wahr. Ich bin es von Herzen leid, daß ich dem Rat von Menschen so lange gefolgt bin und dem des Heiligen Geistes widerstand.

Er: Tochter, höre mich, warum meinst du, daß ich dir geschadet habe?

Sie: Ihr habt mich an meiner ewigen Seligkeit gehindert.

Er: Warum?

Sie: Daß Ihr mich nicht auf meinen nächsten Weg gewiesen habt.

Er: Das heißt dem Heiligen Geist folgen: Niemals hätte ich dir anders raten sollen, als ich es tat.

Sie: Hättet Ihr mich nicht so herangenommen und andere geistliche Leute auch, ich hätte meine Zeit tugendlicher verbracht, als ich es tat. Ich dachte, daß es alles das Evangelium wäre, was die Geistlichen reden.

Er: Was willst du denn tun, wenn du verachtet wirst von allen Menschen?

Sie: Das begehre ich, daß ich die niedrigste Kreatur werde in unserm Herrn Jesus Christus, die er unter aller Kreatur hat, und daß ich mit Paulus sprechen kann: Ich freue mich, alle Kreatur ist mir wie ein Kreuz, und ich bin aller Kreatur ein Kreuz.

Er: Tochter, du bist zu jung.

Sie: Maria Magdalena war jünger als ich, als sie in die Wüste ging, ins Elend unter Räuber und Mörder.

Er: Gott war mit ihr.

Sie: Ich weiß wohl, daß Gott mit mir ist.

Er: Er war aber (leiblich) gegenwärtig bei ihr.

Sie: Er ist geistlich mit mir ohne Unterlaß.

Er: Maria hatte einen großen Halt an seiner Gegenwärtigkeit. Den hast du nicht, liebe Tochter.

Sie: Wenn ich allen Trostes entbehren soll, so will ich auch seiner äußerlichen Gegenwart entbehren. Ich begehre, daß er in meiner Seele lebe ohne Unterlaß. ...

Er: Was wolltest du mehr tun? Du hast doch Ehre, Gut, Freunde, Verwandte und allen Trost gelassen, den du von Menschen hattest...

Sie: Hätte ich all das, was Gott geschaffen hat, und ließe es los durch Gott, so hätte ich nichts gelassen, was mein war, sondern es gehörte Gott. Was gut genannt werden kann, ist Gottes. Darum weiß ich wohl, daß es noch etwas anderes gibt, das ich lassen muß... mich selber.

Er: Du hast recht. Ich frage mich aber, so zart wie du bist, daß du die große Schmach leiden kannst, die dich überkommen hat... Berührt es dich nicht, daß deine Freunde, geistliche und weltliche, durch deinen Willen so betrübt werden und denken, daß du Unrecht tust?

Sie: Wozu sagt Ihr mir das? Ich denke daran, daß, als Christus im Tempel saß, seine Mutter und Joseph auch betrübt waren, als sie ihn suchten. Christus sprach, wer mir Gutes tut, der ist mein Vater und Mutter und meine Schwestern und meine Brüder.

Er: Du sagst wahr. Ich bitte dich, daß du das Notwendige nimmst, wenn man es dir geben will durch Gott.

Sie: Sagt mir, was das wirklich Notwendige ist!

Er: Das ist Wasser und Brot und ein Rock. Das ist das rechte leiblich Notwendige. ... Ich bitte dich, daß du in diesem Lande bleibst. ...

Sie: Das will ich nicht tun! Ich will ins Elend gehen und in alle Städte, wo ich verachtet werden mag. ..."

Sie geht erneut in „ferne Lande" und kommt später wieder. Auch auf mehrmalige Nachfrage ihrerseits erkennt er sie nicht wieder. Von nun an sind die Rollen vertauscht. Sie soll ihn „durch Gott" belehren. Er ruft seine Brüder zusammen:

„Ich habe einen Menschen gehört, ich weiß nicht und zweifle daran, ob es ein Mensch oder ein Engel ist. Wenn es ein Mensch ist, so wißt, daß alle Kräfte seiner Seele mit den Engeln im Himmel wohnen und seine Seele ein Engelwesen empfangen hat."

Sie belehrt ihn über ihre Visionen, sagt immer wieder, er werde es doch nicht verstehen:

„Herr, freut euch mit mir, ich bin Gott geworden!"

Für drei Tage liegt sie wie tot in einem Winkel der Kirche, wieder zu sich gekommen, fragt der Beichtiger sie nach ihren Erlebnissen.

„Laß mich die göttliche Treue genießen..."

Sie wehrt sich, niemand könne dies alles begreifen. Schließlich versucht sie ihm zu erklären, daß sie im Himmel war und was sie dort erlebt hat:

„Ich war da, wo ich war, ehe ich geschaffen wurde, und dort ist nur Gott und nur Gott. Da sind weder Heilige noch Engel noch Chöre noch Himmel – wisset, daß keine Seele zu Gott kommen mag, sie werde zu Gott, so wie sie Gott war, ehe sie geschaffen wurde ... Es gibt keine Hölle. Was hier der Leute Wesen ist, bleibt ewiglich ihr Wesen. Eine Menge Leute wähnen, hier haben sie ein menschliches Wesen und dort ein göttliches. Das ist nicht so. Wisset, viele Leute werden hier darin betrogen... Man sagt vom jüngsten Tage, daß Gott sein Urteil geben wird. Das ist wahr. Es ist aber nicht so, wie die Leute denken: Jeder Mensch verurteilt sich selbst: So, wie er hier gewesen ist, so wird er ewiglich bleiben. ...

Die Tochter sagte ihm so viel von der Größe Gottes ..., daß er von allen seinen äußeren Sinnen kam und in eine abgesonderte Zelle getragen werden mußte. Als er wieder zu sich kam, wünschte er, daß die Tochter zu ihm käme. ... Er sprach: Gelobt sei Gott, daß er dich je schuf als einen Menschen! Du hast mich zu meiner ewigen Seligkeit gewiesen! ..."[118]

Mit den wenigen Textproben möchte ich Lust machen, diese starke, emotionale, bilderreiche Sprache wiederzuentdecken. Vieles davon ist uns heute unverständlich und mühselig, aber viele Texte sprechen uns ganz unmittelbar an, erreichen tiefere Schichten in uns als das rationale Verstehen.

Selbstporträt der Nonne Guda zu einem Initial ihrer Handschrift aus der 2. Hälfte des 12. Jahrhunderts, wahrscheinlich aus dem Frankfurter Weißfrauenstift.

Zusammenfassung

Am Beispiel von vier Mystikerinnen habe ich versucht zu zeigen

- wie weibliches theologisches Fühlen-Schauen-Denken aussehen kann,
- wie sich dieses Denken am Rande des offiziellen theologischen Denkens bewegt, immer in der Gefahr, als ketzerisch bekämpft zu werden,
- in welcher Linie sich Mystik zu Kirchenkritik entwickeln kann.

Selbstverständlich hat es große männliche Mystiker gegeben. Das Verdienst eines Joachim von Fiore, Meister Eckart oder Tauler ist jedoch schon genug gewürdigt worden. Selten wird danach gefragt, ob diese Männer nicht umgekehrt von den Frauen inspiriert wurden, deren Beichtväter sie waren.

Ich möchte mit dieser Anmerkung andere dazu anregen, die Anteile von Frauen an der mittelalterlichen Mystik stärker zu würdigen bzw. aus den verstreuten und nicht übersetzten Texten neu aufzusuchen.

Es sind vorwiegend weibliche Bilder, die gebraucht werden. Die große Mutter als Bild für die Kirche bei Hildegard: mächtig, gebärend, leidend, und zugleich die unberührte Jungfrau. Bei Mechthild steht die liebende Seele im Vordergrund, die Geliebte, die ihren Bräutigam sucht und findet, die eins wird mit ihm in der liebenden Vereinigung. Auch Margarete Porete sucht die liebende Vereinigung, im Unterschied zu Mechthild mit dem Heiligen Geist. Beide suchen damit Gott in sich oder, anders gesagt, die Ver-Gottung und sind damit ketzereiverdächtig. Bei Schwester Katrei ist es die sich vom dominierenden Priester befreiende Frau, die selbständig ihren Weg sucht – unter Hinweis auf ähnliche biblische Frauen – als arme Bettlerin in einer Welt der Bettlerinnen.

Die „Endlösung“ der Frauenfrage des Mittelalters: Hexenwahn und Hexenverfolgung

Die Frauenfeindlichkeit gipfelt im späten Mittelalter in den Hexenverfolgungen, die Ende des 15. Jahrhunderts in größerem Ausmaß beginnen, ihren Höhepunkt aber erst im 16./17. Jahrhundert erreichen.

Das Phänomen Hexen(verfolgung) ist ein sehr komplexes, und um nur annäherungsweise verstehen zu können, wie es in einem beinah unvorstellbaren Maß dazu kommen konnte, möchte ich mich erneut auf die verschiedenen Bevölkerungsgruppen beziehen, auf ihre ökonomische Lage und ihre (materiellen) Interessen, die durch unterschiedliche Ideologien begründet und verteidigt werden. Hexenverfolgung ist ja nicht nur die Verfolgung „von oben“, sondern genauso „von unten“.

Opfer waren in ganz überwiegendem Maß Frauen. Wir haben gesehen:

1. Die Schere zwischen Reichen und Armen hatte sich in allen Ständen immer weiter geöffnet; es gab reiche und arme Adelige, Bauern und Städter.
2. Aufgrund der allgemeinen ökonomischen Lage werden die Frauen aus ihren Berufen verdrängt.
3. Das Mittelalter hat einen beachtlichen Frauenüberschuß, zumindest in der Gruppe der älteren und alten Frauen.
4. Nur wohlhabende und einige wenige ärmere Frauen waren in der Lage, sich durch ein Leben im Kloster oder als Begine zu erhalten.

Wir haben weiterhin festgestellt:

Frauen konnten keine politischen Ämter übernehmen (von wenigen Herrscherinnen abgesehen, die aber als Ausnahmen betrachtet werden können).

Frauen konnten nicht Priesterinnen oder theologische Lehrerinnen werden.

Der Bereich der politischen und der ideologiebildenden Macht war und blieb ihnen verschlossen. Sobald zum Beispiel die Legitimation der Priester und ihre Machtausübung in Frage gestellt wurde, antwortete die Geistlichkeit mit unerbittlicher Strenge – Folge für die Kritiker(innen) waren Ketzerprozesse, in denen sie widerrufen mußten oder vernichtet wurden.

Die männliche Kirchenhierarchie sicherte ihre Vormachtstellung noch zusätzlich durch frauenfeindliche Lehrmeinungen, die ein verklemmtes Verhältnis zur Sexualität enthielten.

Frauen besaßen dieser bedrückenden Übermacht gegenüber nur wenige Möglichkeiten. Die meisten entwickelten – bis heute – die Geschmeidigkeit, die Lücken zu finden, in denen sie relativ ungestört (über)leben konnten: Sie paßten sich ein. Sie konnten aber auch einige subversive Machtmittel entdecken und gebrauchen.

Die wirksamste Macht von Frauen bestand und besteht in ihrer *Gebärfähigkeit.* Zwar wurde den Frauen im Mittelalter zunehmend durch den Abbau von Medizinerinnen und Hebammen das Wissen und die Kontrolle darüber entzogen, es wird aber weiterhin genug Frauen gegeben haben, die dieses Wissen untereinander vermittelten.

Im germanischen Raum hatte zudem die Kenntnis und Anwendung von Medizin immer bei den Frauen gelegen. Auch wenn die Schulmedizin den Kräuterfrauen später ihre Kompetenz absprach und sie ausschließlich für sich in Anspruch nahm, spielten diese Kräuter-Frauen – zumindest auf dem Lande – noch immer die entscheidende Rolle. Wir können noch bei Fontane im „Stechlin“ lesen, daß der alte Stechlin seine Zuflucht bei einer „Kräuterhexe“ suchte, als die Ärzte ihm nicht mehr helfen konnten. Auch heute finden wir noch Reste davon, etwa wenn Warzen „besprochen“ werden, weil die ärztlich verordnete Chemie nichts ausrichtet.

Subversive Macht konnte über medizinische Kenntnisse ausgeübt werden: Wer Heilmittel kennt, weiß auch mit Giften umzugehen, und die Grenzen zwischen beiden sind fließend. Es ist sicher nicht zufällig, daß Frauen sowohl bei Kapitalverbrechen gegenüber anderen als auch bei Selbstmord Gifte bevorzugen – es entspricht auch dem „normalen“ Verhältnis der physischen Kräfte von Frauen und Männern.

Medizinische Kenntnisse boten auch eine Möglichkeit, dem elenden (eingeschlossenen) Leben zu entfliehen: durch Drogen. In der Literatur der damaligen Zeit wird gelegentlich behauptet, daß Frauen sich mit einer „Hexensalbe“ einrieben, einschliefen und später aussagten, sie seien durch die Lüfte geflogen und hätten allerhand fabelhafte Dinge erlebt, während sie in Wirklichkeit schlafend dalagen.[119]

Es erscheint nicht zufällig, daß bei der Verfolgung der Hexen sexuelle und medizinische Aspekte vor allem für die Kirche so stark im Vordergrund standen.

Ein erstes Motiv für die Verfolgung ist also die *Angst vor sexuellen und medizinischen Kenntnissen,* und zwar für eine Gruppe der Herrschenden, nämlich die Geistlichkeit.

Der in dem Begriff „Schadenszauber“ mit dem Medizinisch-Sexuellen verflochtene Aspekt des *Besitzes* dürfte der wichtigere Teil für die verfolgende weltliche Behörde und für die breiten Schichten des „Volkes“ gewesen sein. Diese Frage beschäftigte alle Bevölkerungsschichten, wenn auch auf unterschiedliche Weise. Ein weiteres Motiv für die Kirche dürfte die Verfolgung von Überresten von Mutterreligionen gewesen sein.

Jahrhundertelang hatte das Volk an Hexen geglaubt – es gibt sie in fast allen Kulturen –, sie geachtet und gefürchtet zugleich. Möglicherweise lebte in diesem Glauben auch die Er-

Darstellung einer weiblichen Alraunenwurzel.

Die Frauen züchteten und verwendeten Gewürze und Heilkräuter (hier Majoran). Aus dem „Hortus Saritatis", Italienische Miniatur, 15. Jahrhundert.

innerung an die Kulte der „Großen Mutter" fort. Der Text Hartmann von Aues (S. 14) zeigt dies sehr deutlich. Vielleicht gab es tatsächlich in den ja keineswegs „durchchristianisierten" Ländern noch solche Rituale. Die immer wieder von den Anklagen behaupteten Rituale, zum Beispiel der „Hexensabbath", *könnten* einen wahren Kern enthalten, wenngleich wir sie in der wiedergegebenen Form als Ausgeburten der überhitzten Phantasie von Männern betrachten müssen, die Hexenbücher verfaßten bzw. den Angeklagten in dieser Richtung vorgefertigte Fragen stellten, die dann unter Folter bejaht wurden. Im Rahmen dieses Buches kann ich nichts Genaueres darüber aussagen, ob es solche Kulte tatsächlich öfter gegeben hat. Soweit Hexenforschung von Frauen betrieben wird, die in der Hexerei einen positiven Aspekt suchen, wird diese Frage sicher noch genauer untersucht werden. Ich wollte lediglich festhalten: Der Glaube an Hexen und ihre Künste hat einen realen Kern in den subversiven Machtmöglichkeiten von Frauen in dieser Zeit. Dies erklärt und rechtfertigt niemals die haltlosen Anschuldigungen gegen Frauen und die zahllosen Verbrennungen. Die Angaben über die Zahl der ermordeten Frauen schwanken zwischen 100 000 (darüber gibt es erhaltene Protokolle) und neun Millionen.[120]

Als erste die Frauen als Hexen verfolgende Macht tritt die *Kirche* auf. Dabei kann sie auf ein verborgenes oder offenbares Einverständnis sowohl breiter Bevölkerungsschichten als der weltlichen Obrigkeit rechnen.

Jahrhundertelang hatte die kirchliche Lehrmeinung teilweise zugestimmt, teilweise bestritten, daß es (männliche und weibliche) *Zauberei* gäbe, doch hatte sie diese aber nicht weiter verfolgt, auch weil es sich bei den Beteiligten nicht um Christen handeln konnte. Nach dem Abflauen der Prozeßwellen gegen die Katharer und Waldenser und die französischen Templer – die mehr oder weniger ausgerottet wurden – entstand eine Art Vakuum für die Inquisitionsgerichte und die damit befaßten und gut daran verdienenden Richter und Helfer. Zu dieser Zeit, Mitte des 14. Jahrhunderts, wird eine Verbindung zwischen Ketzerei und Hexerei hergestellt: Hexerei wird ein „Crimen mixtum", ein gemischtes Verbrechen, das sowohl der Inquisition, dem geistlichen Gericht, als der weltlichen Gerichtsbarkeit untersteht. Die einträgliche Verdienstquelle drohte zu versiegen, und man suchte Wege, sie wieder zum Fließen zu bringen.[121]

Das „Crimen mixtum" bestand darin, daß einmal der Pakt mit dem Teufel behauptet wurde – Hexen durften nicht ein-

Kräuterfrauen brannten und verkauften Wasser als Medizin. Schulmediziner und Apotheker forderten häufig ein Verbot – aus Konkurrenzgründen.

Titelbild des „Hortulus" von Wahlafried Strabo, Kloster Reichenau.

Die Wasserbrennerin.

Illustration zu „Medea", Deutsche Buchmalerei, 15. Jahrhundert. Wieder erscheint die Frau als Heil- und Kräuterkundige (hier als Giftmischerin).

Eine „Hexe“ (sie kniet in einem Pentagramm, ursprünglich ein magisches Heilssymbol) verzaubert eine Kuh. Aus dem „Tugend-Spiegel“, 1486.

mal aus eigener Machtvollkommenheit handeln, wieder einmal mußte ein männliches Wesen die Antriebskraft sein, nun eben Luzifer! Und der Pakt mit dem Teufel bedeutete Verhöhnung und Mißbrauch der Sakramente oder der Gebote. Das andere Ergebnis dieses Paktes ist die Anstiftung des Teufels zum Schadenszauber an anderen. Als Hexen wurden nur Christinnen angeklagt, denn nur sie konnten einen sündhaften Pakt mit dem Teufel eingehen und wegen dieser Sünde verfolgt werden.[122] Die Anklage wegen Hexerei als einem „gemischten Verbrechen“ bedeutete gleichzeitig ein verschärftes Prozeßrecht, das der Angeklagten praktisch keine Überlebensmöglichkeiten mehr bot.

Am infamsten und genauesten wird dies in dem von zwei Dominikanern zusammengestellten Werk „Der Hexenhammer“ beschrieben. 1487 erschien der „Malleus Maleficarum“ von Institoris und Sprenger. Schon der Titel macht klar, daß es sich fortan ausschließlich um Frauen und um ihren Schadenszauber handeln soll: Maleficarum ist weiblich, wörtlich heißt das Buch „Hammer der Übeltäterinnen“.

Es wurde im 16./17. Jahrhundert 29mal aufgelegt, mehr gedruckt als etwa die Bibel! Vorangestellt ist eine Ketzer-/Hexenbulle des Papstes Innozenz VIII. Der Vorwurf der Schadenszauberei bezieht sich dort bereits vornehmlich auf die Verhinderung von Fruchtbarkeit bei Menschen, Pflanzen und Tieren. Darin drückt sich also die männlich-kirchliche Angst vor der Sexualität der Frauen aus, die Angst, impotent gemacht zu werden oder zu sein. Und andererseits traf dieser Vorwurf auf Einverständnis bei allen – armen oder von Armut bedrohten – Menschen. Für den Schaden, der durch Mißernten, durch krankes oder sterbendes Vieh entstand, konnten Sündenböcke benannt werden. Die veränderten wirtschaftlichen Bedingungen brauchten nicht hinterfragt zu werden: daß nämlich der Ruin eines einzelnen Bauern auch damit zusammenhing, daß seine Steuern unabhängig von seiner Ernte waren und gezahlt werden mußten. Die Wut konnte gefahrlos an einem Menschen abgelassen werden, der schwächer war als man selber.

Für Frauen war es lebensnotwendig, Kinder bekommen zu können. War eine Ehe unfruchtbar, so konnte das eigentlich nur an Schadenszauber liegen: Eine andere Frau hatte den Mann oder sie selbst verhext. Ich kann mir vorstellen, daß in einem Zeitalter, in dem ein starker Frauenüberschuß und wenig Arbeitsmöglichkeiten für Frauen da waren, die Konkurrenz um den Mann als Ehemann, als Versorgung für das eigene Leben, ziemlich stark war (und ob in Ehen und gesellschaftlich isolierte Frauen solidarisch handeln können, ist auch fraglich). „Dirne“ und „Hexe“ sind die am meisten unter Frauen gebräuchlichen Schimpfworte dieser Zeit.[123]

Das Suchen nach Sündenböcken für die eigene Not erleichterte der Kirche, ihre Inquisitionsprozesse in Hexenprozesse zu verwandeln und damit nicht von vornherein und überall auf erbitterten Widerstand zu stoßen. Diesen Widerstand leisteten eher die Städte oder einzelne weltliche und geistliche Fürsten, die einsichtig oder einfach nur christlich dachten und sich gegen den furchtbaren Mechanismus der Hexenprozesse zur Wehr setzten.

Der „Hexenhammer“ ist nicht das erste und auch nicht das letzte Werk dieser Art.[124] Das Werk ist in drei Teile gegliedert; der erste handelt von der Zauberei, vom Verhältnis des Teufels zu den Hexen und ähnlichem, der zweite von den verschiedenen Übeltaten der Hexen, die sich wieder vorrangig auf die Fruchtbarkeit beziehen, und der dritte Teil von der Prozeßführung.[125]

Hans Baldung Grien, Die Hexen, 1510.

Streitende Bauernweiber, Spielkarte aus dem 16. Jahrhundert.

Über die Hexen selbst, die sich den Dämonen unterwerfen, sechste Frage

„Bezüglich des ersten Punktes, warum in dem so gebrechlichen Geschlechte der Weiber eine größere Menge Hexen sich findet als unter den Männern, frommt es nicht, Argumente für das Gegenteil herzuleiten, da außer den Zeugnissen der Schriften und glaubwürdiger (Männer) die Erfahrung selbst solches glaubwürdig macht. Wir wollen, ohne das Geschlecht zu verachten, in welchem Gott stets Großes schuf, um Starkes zu verwirren, davon sprechen, daß hierüber von Verschiedenen auch verschiedene, doch in der Hauptsache übereinstimmende Gründe angegeben werden, daher ist auch zur Ermahnung der Weiber dieser Stoff selbst wohl zu Predigten geeignet; und sie sind begierig zu hören, wie die Erfahrung oft gelehrt, wenn man solches nur diskret vorbringt.

Einige Gelehrte nämlich geben *diesen* Grund an: Sie sagen, es gebe dreierlei in der Welt, was im Guten und Bösen kein Maß zu halten weiß: die *Zunge*, der *Geistliche* und das *Weib*, die vielmehr, wenn sie die Grenzen ihrer Beschaffenheit überschreiten, dann eine Art Gipfel und höchsten Grad im Guten und Bösen einnehmen; im Guten, wenn sie von einem guten Geiste geleitet werden, daher auch die besten (Werke) stammen; im Bösen aber, wenn sie von einem schlechten Geiste geleitet werden, wodurch auch die schlechtesten Dinge vollbracht werden.

... Von der Bosheit aber der Weiber wird gesprochen *Prediger* 25: ‚Es ist kein schlimmeres Haupt über dem Zorne des Weibes. Mit einem Löwen oder Drachen zusammen zu sein wird nicht mehr frommen als zu wohnen bei einem nichtsnutzigen Weibe.' Und neben mehreren, was ebendort über das nichtsnutzige Weib vorangeht und folgt heißt es zum Schlusse: ‚Klein ist jede Bosheit gegen die Bosheit des Weibes.' Daher (sagt) *Chrysostomus* über *Matthaeus* 19: ‚Es frommt nicht, zu heiraten. Was ist das Weib anders als die Feindin der Freundschaft, eine unentrinnbare Strafe, ein notwendiges Übel, eine natürliche Versuchung, ein wünschenswertes Unglück, eine häusliche Gefahr, ein ergötzlicher Schade, ein Mangel der Natur, mit schöner Farbe gemalt? Wenn sie entlassen Sünde ist, wenn man sie einmal behalten muß, dann ist notwendig Qual zu erwarten, darum daß wir, entweder sie entlassend, Ehebruch treiben, oder aber tägliche Kämpfe haben.' *Tullius* endlich sagt *Rhetor.* 2: ‚Die Männer treiben zu einem jeden Schandwerke einzelne, das heißt *mehrere* Ursachen an, die Weiber zu allen Schandwerken nur eine Begierde: denn aller Weiberlaster Grund ist die Habsucht. „ Und Seneca sagt in seinen Tragödien: ‚Entweder liebt oder haßt das Weib; es gibt kein Drittes. Daß ein Weib weint, ist trügerisch. Zwei Arten von Tränen sind in den Augen der Weiber, die einen für wahren Schmerz, die andern für Hinterlist; sinnt das Weib allein, dann sinnt es Böses.' ...

Andere führen noch andere Gründe an, weshalb sich die Weiber in größerer Zahl als die Männer abergläubisch zeigen; und zwar sagen sie, daß es drei Gründe seien: der erste ist der, daß sie leichtgläubig sind; und weil der Dämon hauptsächlich den Glauben zu verderben sucht, deshalb sucht er lieber diese auf. Daher auch *Prediger* 13: ‚Wer schnell glaubt, ist zu leicht im Herzen und wird gemindert werden.' Der zweite Grund ist, weil sie von Natur wegen der Flüssigkeit ihrer Komplexion leichter zu beeinflussen sind zur Aufnahme von Eingebungen durch den Eindruck gesonderter Geister; infolge dieser Komplexion sind viele, wenn sie sie gut anwenden, gut; wenn schlecht, um so schlechter. — Der dritte Grund ist, daß ihre Zunge schlüpfrig ist, und sie das, was sie durch schlechte Kunst erfahren, ihren Genossinnen kaum verheimlichen können und sich heimlich, da sie keine Kräfte haben, leicht durch Hexenwerke zu rächen suchen; daher der *Prediger* wie oben: ‚Mit einem Löwen oder Drachen zusammen zu sein wird besser sein als zu wohnen bei einem nichtsnutzigen Weibe. Gering ist alle Bosheit gegen die Bosheit des Weibes.' — Dem kann auch der Grund angefügt werden, daß, da sie hinfällig sind, sie auch [desto schneller den Dämonen Kinder opfern können, wie sie den auch] so handeln.

Drittens gibt es einige, die noch andere Gründe anführen, welche die Prediger nur vorsichtig vorlegen und besprechen dürfen. Denn mögen auch die Schriften im Alten Testamente von den Weibern meist Schlechtes erzählen und zwar wegen der ersten Sünderin, nämlich Eva und ihrer Nachahmerinnen, so ist doch wegen der späteren Veränderung des Wortes, nämlich *Eva* in *Ave*, im Neuen Testamente und weil, wie *Hieronymus* sagt: ‚Alles, was der Fluch der Eva Böses gebracht, hat der Segen der Maria hinweggenommen' — daher über sie sehr vieles und zwar immer Lobenswertes zu predigen. Aber weil noch in den jetzigen Zeiten jene Ruchlosigkeit mehr unter den Weibern als unter den Männern sich findet, wie die Erfahrung selbst lehrt, können wir bei genauerer Prüfung der Ursache über das Vorausgeschickte hinaus sagen, daß, da sie in allen Kräften, der Seele wie des Leibes, mangelhaft sind, es kein Wunder ist, wenn sie gegen die, mit denen sie wetteifern, mehr Schandtaten geschehen lassen. Denn was den Verstand betrifft, oder das Verstehen des Geistigen, scheinen sie von anderer Art zu sein als die Männer, worauf Autoritäten, ein Grund und verschiedene Beispiele in der Schrift hindeuten. *Terentius* sagt: ‚Die Weiber sind leichten Verstandes, fast wie Knaben ; und *Lactantius, Institutiones* 3, sagt niemals habe ein Weib Philosophie verstanden außer Temeste; und in *Sprüche* 11 heißt es, gleichsam das Weib beschreibend:

Titelblatt von Ulrich Molitor „De Lamiis et phitonicis mulierbus“ (von den Unholden und Hexen), 1489.

‚Ein schönes und zuchtloses Weib ist wie ein goldner Reif in der Nase der Sau'. Der Grund ist ein von der Natur entnommener: weil es fleischlicher gesinnt ist als der Mann, wie es aus den vielen fleischlichen Unflätereien ersichtlich ist. Diese Mängel werden auch gekennzeichnet bei der Schaffung des ersten Weibes, indem sie aus einer krummen Rippe geformt wurde, das heißt aus einer Brustrippe, die gekrümmt und gleichsam dem Mann entgegen geneigt ist. Aus diesem Mangel geht auch hervor, daß, da das Weib nur ein unvollkommenes Tier ist, es immer täuscht. ...

Es erhellt auch bezüglich des ersten Weibes, daß sie von Natur geringeren Glauben haben; denn sie sagte der Schlange auf ihre Frage, warum sie nicht von jedem Baume des Paradieses äßen? ‚Wir essen von jedem, nur nicht etc., damit wir nicht *etwa* sterben', wobei sie zeigt, daß sie zweifle und keinen Glauben habe an die Worte Gottes, was alles auch die Etymologie des Wortes sagt: Das Wort *femina* nämlich kommt von *fe* und *minus* (fe = fides, Glaube, minus = weniger, also femina = die weniger Glauben hat), weil sie immer geringeren Glauben hat und bewahrt, und zwar aus ihrer natürlichen Anlage zur Leichtgläubigkeit, mag auch, infolge der Gnade zugleich und der Natur, der Glaube in der hochgebenedeieten Jungfrau niemals gewankt haben, während er doch in allen Männern zur Zeit des Leidens Christi gewankt hatte.

Also schlecht ist das Weib von Natur, da es schneller am Glauben zweifelt, auch schneller den Glauben ableugnet, was die Grundlage für die Hexerei ist. ...

Suchen wir nach, so finden wir, daß fast alle Reiche der Erde durch die Weiber zerstört worden sind. Das erste nämlich, welches ein glückliches Reich war, nämlich Troja, wurde zerstört wegen des Raubes einer Frau, der *Helena*, und viele Tausende von Griechen kamen dabei um. Das Reich der *Juden* erlebte viel Unglück und Zerstörung wegen der ganz schlechten Königin *Jezabel* und ihrer Tochter *Athalia*, Königin in Juda, welche die Söhne des Sohnes töten ließ, damit sie nach des letzteren Tode selbst herrsche; aber, beide Weiber wurden ermordet. Das römische Reich hatte viele Übel auszustehen wegen der *Kleopatra*, der Königin von Ägypten, eines ganz schlechten Weibes, ebenso die anderen Reiche. Daher ist es auch kein Wunder, wenn die Welt jetzt leidet unter der Boshaftigkeit der Weiber.

Endlich mit Untersuchung der fleischlichen Begierden des Körpers selbst: Daraus kommen unzählige Schäden des menschlichen Lebens, so daß wir mit Recht mit *Cato Uticensis* sprechen können: ‚Wenn die Welt ohne Weiber sein könnte, würden wir mit den Göttern verkehren'; da in der Tat, wenn der Weiber Bosheiten nicht wären, auch zu schweigen von den Hexen, die Welt noch von unzähligen Gefahren frei bleiben würde. ...

Apokalypse 6: Ihr Name ist Tod. Denn mag auch der Teufel Eva zur Sünde verführt haben, so hat doch Eva Adam verleitet. Und wie die Sünde der Eva uns weder leiblichen noch seelischen Tod gebracht hätte, wenn nicht in Adam die Schuld gefolgt wäre, wozu Eva und nicht der Teufel ihn verleitete, deshalb ist sie bitterer als der Tod.

Nochmals bitterer als der Tod, weil dieser natürlich ist und nur den Leib vernichtet; aber die Sünde, vom Weibe begonnen, tötet die Seele durch Beraubung der Gnade und ebenso den Leib zur Strafe der Sünde.

Nochmals bitterer als der Tod, weil der Tod des Körpers ein offner, schrecklicher Feind ist; das Weib aber ein heimlicher, schmeichelnder Feind."[126]

Im Hexenprozeß gibt es keinen öffentlichen Ankläger mehr. Er wird eingeleitet aufgrund von Denunziation, zu der öffentlich durch Anschlag an die Kirchentüren aufgefordert wird.[127] Der Denunziant soll möglichst anonym bleiben – damit nämlich die der Hexerei Angeklagten ihm nichts anhexen können, so die scheinheilige Begründung. Es gibt keine Ent-, sondern nur Belastungszeugen, die auch nicht, wie im üblichen Akkusationsprozeß, „ehrbar" sein müssen. Es können auch Verbrecher, Meineidige oder Hexen sein. Da ein Geständnis gebraucht wurde, um die Hexe zu verurteilen, sollte die Tortur angewendet werden, einmal, um dieses Geständnis, zum andern aber, um die Namen anderer zu erpressen.

Nach der Verurteilung folgte die Hinrichtung durch Verbrennen. Diese Prozeß-Elemente, die den Angeklagten keine Möglichkeit des Freispruchs mehr ließen, gehen auf eine Anordnung Papst Innozenz' IV. zurück.[128])

Daß Ketzer verbrannt werden sollten, und nun also auch Hexen, rechtfertigte Thomas von Aquin ausdrücklich.[129]

Von ihm stammt auch die ausführliche Lehre von den Incubi und Succubi. Der Pakt mit dem Teufel bedeutete auch geschlechtlichen Verkehr mit dem Dämon. Da aber Dämonen nicht zeugungsfähig waren, besorgten sie sich menschlichen Samen, indem sie sich in weibliche Wesen, Succubi, verwandelten, sich einem Manne unterlegten (das bedeutet Succubi nämlich), den gewonnenen Samen als männliches Wesen, Incubus, dann bei einer irdischen Frau zur Erzeugung eines Wechselbalgs benutzten.[130]

Hexen wurden also angeklagt, einen – durch Geschlechtsverkehr besiegelten – Pakt mit dem Teufel geschlossen zu haben, der sie dadurch anstiften konnte, anderen Böses zuzufügen. Dieses Böse konzentrierte sich in den Anklagen häufig auf die Potenz des Mannes, neben anderen Schädigungen an Ernte, Vieh oder Gesundheit anderer. Zumindest für die Prozeß-Führenden spielte das sexuelle Motiv eine erhebliche Rolle.

Die Massenverfolgungen hatten aber kaum mehr etwas

Mit sichtlichem Vergnügen schneiden ihre Folterknechte der heiligen Barbara eine Brust ab. Der Sadismus dieser Szene wurde in der tatsächlichen Praxis der Hexenverfolgung durchaus überboten. Warschauer Barbaraaltar, 1477.

mit dem oben beschriebenen realen Kern der medizinischen Kenntnisse von Kräuterfrauen oder Hebammen zu tun. Wahllos traf die Anklage Alte und Junge, Mädchen, Mütter, Witwen, Eingesessene und Fremde – manchmal auch Männer. Erhaltene Listen der Verbrannten geben darüber Aufschluß.[131] Manchmal wurden fast alle Frauen einer Ortschaft ausgerottet.

Durch die anonyme Denunziation konnte jeder gefahrlos andere beschuldigen, seine Verwandten oder Feinde loswerden, sich bereichern, seinen Aberglauben ausleben, sich von einer ungeliebten Ehefrau „scheiden".

Unter der Folter gaben die Frauen andere an: Manche Namen wurden ihnen im Verhör in den Mund gelegt, andere von ihnen wahllos dahergesagt, oft nach Beendigung der Tortur widerrufen. Nur wenige Frauen waren selbst unter schärfster Folter nicht zu einem Geständnis zu bewegen und mußten dann, körperlich völlig gebrochen, in die Freiheit entlassen werden.

Ich möchte mich nicht mit den sadistischen und überaus grausamen Foltermethoden beschäftigen, es gibt genug Literatur darüber.[132]

Eine ausführliche Kritik an den Hexenverfolgungen insgesamt und an der Folter speziell schrieb Friedrich von Spee 1631. Er war Jesuit und jahrelang Beichtvater von Verurteilten, von denen er schreibt, daß

„unter fünfzig beliebigen, zum Scheiterhaufen verurteilten Hexen kaum fünf oder gar kaum zwei wirklich Schuldige sich befinden".[133]

Er wendet sich an die Fürsten und fordert sie auf, die Folter abzuschaffen – von einem Papst war sie ja eingeführt worden:

„Einen andern Ausweg gibt es nicht. Mögen die Fürsten also bedenken, was sie tun. Wir alle müssen vor den Richterstuhl der Ewigkeit treten. Wenn dort schon über jedes müßige Wort Rechenschaft abzulegen ist, wie schwer wird da erst Menschenblut gewogen werden?"[134]

»Ziehet aber der Magistrat diese Sache als ein schwer und gefährlich Werk weiter in Bedenken, so schickt die Obrigkeit einen Inquisitorem oder Commissarium; ob dann gleich derselbige aus Unverstand oder erhitztem Gemüte der Sachen etwas zu viel thut, so muß dennoch dasselbige nicht unrecht gethan heißen, sondern dem gibt man den Namen eines gottseligen Eiferers zu der Gerechtigkeit, und derselbe gerechte Eifer wird durch die Hoffnung des guten Genusses oder Salarii so viel mehr entzündet und unterhalten, sonderlich wann der Commissarius bedürftig ist und ihm auf jedes Haupt eine gewisse Summa von Thalern pro salario zugelegt wird und ihm außerdem noch frei stehet, von den Bauern ein und andere Steuer zu fordern. Trägt sich's dann zu, daß etwa ein besessener oder wahnwitziger Mensch von einer armen Gaja ein verdächtiges Wort geredet, oder das heutige allzu gemeine lügenhaftige Gespräch auf sie fället, so ist der Anfang gemacht und muß dieselbe herhalten.

§4. Damit es aber nicht scheine, als ob man auf dieß bloße Geschrei und ohne andere Indicia also prozedire, so ist alsbald ein unfehlbar Indicium vorhanden, und das aus diesem Fallstrick: Entweder Gaja hat ein böses, leichtfertiges oder ein frommes, gottseliges Leben geführt. Ist jenes, so ists ein großes Indicium, dann wer böse ist, kann leicht böser und je länger je weiter verführet werden; ist dieses, so ists kein geringer Indicium, dann sagen sie: So pflegen sich die Hexen zu schmücken und wollen allezeit gerne vor die Frömmsten gehalten sein. Da ist dann der Befehl, daß man mit der Gaja zu Loch solle. Und ist stracks wieder ein neues Indicium, abermals per dilemma: Entweder die Gaja gibt durch die Anlaß, Wort oder

Aristoteles und Phyllis. Holzschnitt von Hans Baldung Grien, 1515. Antike Figuren zeigen oft negative Darstellungen der Frau, häufig mit sexuellen Motiven verknüpft.

Werk zu verstehen, daß sie sich fürchte, oder gebärdet und erzeigt sich unerschrocken. Spüret man dann einige Furcht oder Schrecken bei ihr (dann wer wollte sich nicht entsetzen, der da weiß, wie jämmerlich sie dero Orts gemartert werden?), so ists abermal ein Indicium; dann (sagen sie), das böse Gewissen macht sie bang. Fürchtet sie sich nicht, sondern trauet ihrer Unschuld, so ists wieder ein Indicium; dann (geben sie vor), das pflegen die Hexen zu tun, daß sie die Unschuldigen sein wollen, und der Teufel macht sie mutig. Damit es aber an mehreren Indicien nicht mangele, so hat der Inquisitor oder Commissarius seine Jagdhunde zur Hand, oftmals gottlose, leichtfertige, beschreite Leute, die müssen dann auf der armen Gaja ganzes Leben, Handel und Wandel inquiriren, da es dann nicht wohl sein kann, daß man nicht etwas finden sollte, welches argwöhnische Leute nicht aufs Ärgste auslegen und auf Zauberei deuten möchten. Sein dann auch vielleicht etliche, so der Gaja vorhin nicht viel Gutes gegönnt haben, die tuns sich alsdann herfür, bringen quid pro quo, und ruft Jedermann: die Gaja hat gleichwohl schwere Indicia gegen sich. Darum muß die Gaja auf die Folterbank (wofern sie anders nicht selbigen Tages, da sie gefänglich angenommen, sobald ist gefoltert worden).

§5. Denn bei diesen Prozessen wird keinem Menschen ein Advocatus oder auch einige Defension, wie aufrichtig sie auch immer sein möchte, gestattet; dann da rufen sie, dieß sei ein crimen exceptum, ein solch Laster, das dem gerichtlichen Prozeß nicht unterworfen sei; ja da einer sich darinnen als Advocatus wollte gebrauchen lassen, oder der Herrschaft einreden und erinnern, daß sie vorsichtig verfahren wollte, der ist schon im Verdacht des Lasters und muß ein

„Von eyner edlen frowen, wie die vor eym spiegel stund, sich schmukkend, und sy jn dem spiegel den tüfel sach, jr den hyndern zeigend." Aus dem „Ritter von Turn" von Michael Furter, Basel, 1493.

Patron und Schutzherr der Hexen heißen, also daß Aller Mund verstummen und alle Schreibfedern stumpf sein, daß man weder reden, noch schreiben darf. Insgemein haben gleichwohl die Inquisitores den Brauch, damit ihnen nicht nachgesaget werde, als ob sie der Gaja ihre Detension nicht zugelassen hätten, daß sie dieselbige vorstellen und sie über die Indicia examiniren (soll man's anders examiniren heißen). Ob dann gleich die Gaja die gegen sie vorhandenen Indicia samt und sonders genugsam ablehnet, so passet man doch darauf nichts, ja man schreibt's auch wohl nicht einst an, sondern die Indicia bleiben nichtsdestoweniger auf ihrem Valor und muß die obstinata Gaja wieder zu Loch und sich besser bedenken; denn weil sie sich wohl verantwortet, so ists ein neu Indicium; dann, wann diese keine Hexe wäre (sagen sie), so könnte sie so beredt nicht sein.

§6. Wann sie sich nun über Nacht also bedacht hat, stellet man sie des folgenden Morgens wieder für, und da sie bei ihrer gestrigen Antwort bleibet, so lieset man ihr das decretum torturae für, nicht anders, als ob sie gestern nichts geantwortet, noch die Indicia im Geringsten widerleget hätte. Ehe sie aber gefoltert wird, führet sie der Henker auf eine Seite und besiehet sie allenthalben an ihrem bloßen Leib, ob sie sich etwan durch zaubersche Kunst unempfindlich gemacht hätte. Damit ja nichts verborgen bleibe, schneiden und sengen sie ihr die Haare allenthalben, auch an dem Orte, den man vor züchtigen Ohren nicht nennen darf, ab und begucken Alles aufs Genaueste, haben doch bisher dergleichen noch wenig gefunden. Und zwar, warum sollten sie solches den Weibern nicht thun, da sie doch der geistlichen Priester hierinnen nicht schonen? Und zwar der geistlichen Bischöfe und Prälaten Inquisitores sein in diesem Fall die besten Meister, und achtet man die päpstliche Bullam Coenae, so Päpstl. Heiligkeit gegen die ausgelassen, welche ohne Ihrer Heiligkeit Spezialbefehl gegen die Geistlichen prozediren, vor Blitz ohne Donnerschläge, und damit ja fromme Fürsten und Herren dasselbige nicht erfahren, und also dergleichen Prozeß einen Zaum anwerfen, wissen Inquisitores dasselbige fein zu verhehlen.

§7. Wann nun die Gaja also gesenget und enthäret ist, so wird sie gefoltert, daß sie die Wahrheit sage, d. i. sich schlecht vor eine Zauber'sche bekennen soll. Sie mag anders sagen, was sie wolle, so ist es nicht wahr und kann nicht wahr sein. Man foltert sie aber erst auf die schlechteste Manier, welches du also verstehen mußt, als ob sie gleich zum Schärfsten torquiret wird, so heissts doch die schlechteste Art in Respekt und Erwägung deren, die nachfolgen sollen. Bekennet nun die Gaja auf solche Manier, so geben sie vor, sie habe gutwillig und ohne Folter bekennet. Wie kann denn ein Fürst oder Herre vorüber, daß er diejenige Person nicht vor eine Hexin halten sollte, die so gutwillig und ohne Tortur bekennet hat, daß sie eine sei? Und macht man sich demnach keine ferneren Gedanken oder Beschwernung, sondern man führet sie zum Tode, wie man doch würde getan haben, wenn sie schon nichts bekennet hätte, sintemal, wenn der Anfang des Folterns gemacht ist, so ist das Spiel gewonnen, sie muß bekennen, sie muß sterben. Sie bekenne nun oder bekenne nicht, so gilt's gleich. Bekennet sie, so ist die Sache klar, und wird sie getödtet, denn Widerrufen gilt hier nichts; bekennet sie nicht, so torquiret man sie zum zweiten, dritten und vierten Mal, denn bei diesem Prozesse gilt, was nur dem Commissario geliebt, da hat man in diesem excepto crimine nicht zu sehen, wie lang, wie scharf, wie oftmalig die Folter gebraucht werde, hier meinet Niemand, daß man etwas verbrechen könnte, darvon man hiernächst Rechnung geben müsse. Verwendet nun etwa die Gaja in der Folter vor Schmerzen die Augen, oder starrt mit offenen Augen, so sein's neue Indicia; denn verwendet sie dieselbigen, so sprechen sie: Sehet, wie schauet sie sich nach ihrem Buhlen um. Starret sie dann, so hat sie ihn ersehen; wird sie denn härter gefoltert und will doch nicht bekennen, verstellet ihre Gebärden wegen der großen Marter, oder kommt gar in eine Ohnmacht, so rufen sie: die lachet und schläft auf der Folter, die hat etwas gebraucht, daß sie nicht schwatzen kann, die soll man lebendig verbrennen, wie denn ohnlängsthin Etlichen widerfahren. Und da saget männiglich und auch die Geistlichen und Beichtväter, die habe keine Reue gehabt, habe sich nicht bekehret, noch ihren Buhlen verlassen, sondern demselben Glauben halten wollen. Begibt sich's denn, dass Eine oder die Andere auf der Folter stirbt, so sagt man, der Teufel habe ihr den Hals gebrochen. Derohalben so ist dann Meister Hans Knüpfauf her, schleppt das Aas hinaus und begräbt's unter den Galgen.

§8. Kommt aber die Gaja auf der Folter davon und ist etwan der Richter so nachdenklich, daß er sie ohne neue Indicia nicht weiter torquiren, auch nicht unbekennet hinrichten lassen darf, so läßt man sie dennoch nicht los, sondern legt sie in ein härter Gefängniß, da sie denn wohl ein ganz Jahr liegen und gleichsam einbeizen muß, bis sie mürbe werde. Denn hier gilt kein Purgirens durch die ausgestandene Tortur, wie zwar die Rechte wollen, sondern sie muß des Lasters einen Weg, wie den andern schuldig bleiben; denn das wäre den Inquisitoren eine Schande, daß sie eine Person, so sie einmal zur Haft gebracht hätten, loslassen sollten. Welchen sie einmal in's Gefängniß gebracht, der muß schuldig sein, es geschehe mit Recht oder Unrecht. Inmittelst schickt man ungestüme Priester zu der Gefangenen, welche ihr oft verdrießlicher sein, als der Henker selbst. Die plagen denn das arme Mensch so lange und viel, bis sie bekennen muß, Gott gebe, sie sei eine Hexe oder nicht, rufen und schreien, daß, wenn sie nicht bekennen werde, so könne sie nicht selig oder der heil. Sakramente theilhaftig werden. Und darum hüten sich die Herren Inquisitores mit allem Fleiß, daß sie keine solchen Priester bei diesen Sachen und Prozeß gebrauchen, die etwas sittsam seien, Verstand im Herzen und Zähne im Munde haben, wie ingleichen, damit ja niemand bei das Gefängniß komme, der denen Gefangenen guten Rath mittheile, oder den Fürsten von dem Handel unterrichte. Denn ihnen ist vor nichts mehr bange, als daß etwan ihre Unschuld auf eine oder andere Weise zu Tage kommen möchte. ...

O du elende Gaja! Worauf hast du doch gehofft? Warum hast du nicht, sobald du das Gefängniß betreten, gesagt, du wärest des Lasters schuldig? O du thörichtes Weib! Warum willst du so oft sterben, da du Anfangs mit einem Tode hättest bezahlen können? Folge meinem Rath und sage stracks zu, du seiest eine Hexe, und stirb; denn vergebens hoffest du, los zu werden, solches lässet der Eifer der Gerechtigkeit bei uns Teutschen nicht zu."[135]

Spee schrieb seine „Cautio criminalis" anonym und ließ sie heimlich drucken: Zweifel und Kritik an den Hexenverfolgungen brachte ebenfalls eine Anklage wegen Hexerei. Auch dies bietet ein Stück Erklärung dafür, wieso ein solcher Massenmord über mehr als ein Jahrhundert anhalten konnte, ohne daß dagegen eingeschritten wurde: Die Angst, selbst betroffen zu werden, hielt die meisten Menschen ab, und das ist bis heute so.

Verteidigt wurde dieses Massenmorden von gelehrten Theologen und Juristen, die die Kritiker genauso erbarmungslos verfolgten und sich selber als gute Christen vorkamen.

Carpzov zum Beispiel, ein berühmter Leipziger Jurist der Universität, rühmte sich, 53mal die Bibel ganz durchgelesen zu haben, jeden Sonntag im Gottesdienst gewesen zu sein – und 20 000 Todesurteile unterschrieben zu haben![136])

Sorgfältig wurden Protokolle geführt, Gutachten von juristischen Fakultäten eingeholt, lange Listen über die Geldausgaben der Beteiligten angelegt. Das Vermögen vieler Angeklagter wurde darin verbraucht – auch das Holz für den Scheiterhaufen mußte noch von ihnen bezahlt werden! Selbstverständlich auch Verpflegung und Wein für Richter und Schergen. Von daher gesehen ist es kein Wunder, daß die damit Befaßten ihr einträgliches Morden nicht aufgeben wollten.

»Pag. 15. Dem Wirth zu Hainchen (1/2 Stunde von Lindheim) NB. Was die der Hexenkönigin nachgesetzedten Schützen daselbst vertrunken .... 2 Rthlr. 7 Alb.
Pag. 16. Den 29. Julyus dem Keller zu Geidern bei der Hexenverfolgung in Beyseyn Herrn Verwaltern............12 Rthlr. 15 Alb.
Pag. 18. Den 12. Januarii 1664 Hanns Emmeichen zu Bleichenbach (2 St. von Lindheim) wass der Ausschuß bei der Henxenjagt allda verzehret, NB. in zwey Täg daselbsten versoffen .... 8 Rthlr.
usw.

Über die Kosten der großen Eßlinger Prozesse von 1662 und 1663 wird mitgeteilt, daß sie aus dem Vermögen der Justifizierten und aus den Strafgeldern gedeckt wurden. Bis zum 30. Juni 1663 hatte man 2300 Gulden aufgewendet und 2045 Gulden eingezogen. Was für die vielen bei den Juristenfakultäten zu Tübingen, Heidelberg und Straßburg eingeholten Gutachten bezahlt wurde, ist unbekannt.

Von den Geistlichen, die mit der Seelsorge der Verhafteten viel zu tun hatten, erhielt nach Beschluß vom 20. September 1664 jeder drei Tonnen Ehrenwein, wobei sie wiederholt ermahnt wurden, in ihren Schranken zu bleiben und den Untersuchungsrichtern nicht in ihr Amt zu greifen.

Diese selbst erhielten vom Spital für jedes Verhör eine Kanne Wein und einen Laib weißes Brot. Dasselbe bekam wöchentlich der aufwartende Knecht. Auch die Weinzieher, Kornmeister und Wächter auf der Burg wurden für ihre Dienste bei den Hinrichtungen mit Brot und Wein vom Spital belohnt. Dem Scharfrichter Deigentesch verwilligte man am 1. Dezember 1664 eine außerordentliche „Ergötzlichkeit" von 20 Gulden wegen seiner vermehrten Geschäfte und weil er die herbeigezogenen fremden Scharfrichter hatte traktieren müssen.

Nach einer Originalrechnung des Rats von Zuckmantel vom 20. Oktober 1639 brachte das Einäschern von elf Hexen 425 Reichstaler ein. (Man bedenke den damaligen Geldwert!)
Davon empfing:

der Bürgermeister............	9 Taler	6 Groschen
der Rat....................	9 Taler	6 Groschen
der Vogt...................	18 Taler	12 Groschen
die Gerichtsschöffen..........	18 Taler	12 Groschen
der Stadtschreiber	9 Taler	6 Groschen
der Stadtdiener	9 Taler	6 Groschen

Der Überrest von 351 Talern 23 Groschen wurde dem Fürstbischof von Breslau als dem Landesherrn eingehändigt. Da das Urteil über die Hingerichteten in Neisse gefällt war, so hatte der Rat von Zuckmantel diesmal nur halbe Gebühren erhalten; sonst würde er doppelt so viel, nämlich ein Schock Groschen für den Kopf empfangen haben.«[137]

Folterung von Frauen. Flugblatt aus dem 16. Jahrhundert.

Ihren Höhepunkterreichten die Hexenverfolgungen im 17. Jahrhundert, ährend der Gegenreformation. Sie erwiesen sich auch noch als bequeme Methode, mit unliebsamen Protestanten fertig zu werden. Wenngleich auch von evangelischen Theologen und Juristen die Hexenverbrennungen betrieben und befürwortet wurden, so liegen die Verfolgungen in den wieder katholisch gewordenen Ländern deutlich höher. Erst gegen Ende des 17. Jahrhunderts nehmen die Verfolgungen ab, dürfen Kritiker zu Worte kommen. Da hatte „man" langsam fest gestellt, daß es wohl auch wirtschaftlich nicht so sinnvoll war, so viele Menschen zu vernichten, zumal es dämmerte, daß auch viele reiche Männer Opfer geworden waren.

Ich finde es bezeichnend, daß es unter den Fürsten eine Frau war, die als erste in ihrem Hoheitsgebiet die Folter verbot: Christine von Schweden 1649 für Pommern, Mecklenburg und Osnabrück, das nach dem Westfälischen Frieden unter schwedischer Herrschaft blieb. In Preußen sollte es noch bis 1714 dauern, in Österreich bis 1745, in Bayern bis 1775.[138]

Dieses Buch beschäftigt sich mit den Frauen des *Mittelalters;* die Hexenverfolgungen gehen über den besprochenen Zeitraum hinaus. Sie beginnen aber in dieser Zeit und entwickeln sich aus den Ketzerprozessen, die ebenfalls eine Reihe von Frauen betrafen. Ich meine, die geistliche und die weltliche Macht des Mittelalters lösten ihre wirtschaftlichen und sexuellen Probleme auf Kosten der Frauen. Waren die Ketzerprozesse noch gegen Frauen und Männer gerichtet – die Hexenprozesse beziehen sich fast ausschließlich auf Frauen. Die Macht der Frauen, die am Beginn des Mittelalters noch feststellbar ist – Frauen in fast allen Berufen, laute und lustige Feste bei Kindergeburten und Taufen –, ist schleichend – durch Verordnungen – oder gewaltsam gebrochen worden.

Schluss

Im Rahmen dieses Buches habe ich mich mit der Lage der verschiedenen Frauengruppen im mittelalterlichen Deutschland beschäftigt. Es zeigt sich, daß viele Frauen über lange Zeiten hinweg ökonomische Selbständigkeit besaßen und in vielen Berufen tätig waren: vorrangig in Handwerksberufen, aber auch im Gesundheitswesen als Ärztinnen, Hebammen und Kräuterfrauen, als Lehrerinnen oder als Kauf-Frauen der unteren Ebene, als Marktfrauen und Hökerinnen.

Weitere Lebensmöglichkeiten hatte ein Teil der Frauen als (unselbständige) Ehefrauen, als Ordensfrauen oder Beginen. Alle diese Lebensmöglichkeiten wurden im Laufe der Jahrhunderte zunehmend eingeschränkt. Die wachsende Armut traf Frauen ungleich höher als Männer: Aus den selbständigen Berufen waren sie zum Ende des Mittelalters fast ganz verdrängt. In Jost Ammanns Ständebuch von 1568 zum Beispiel gibt es keine Frauen mehr: Alle Berufe werden durch Männer dargestellt.

Rechtlich waren Frauen unselbständig, unmündig, wenngleich es Ausnahmen gab. Das kanonische Recht hatte – sicher nicht ausschließlich im Interesse der Frauen – dafür gesorgt, daß auch Frauen erbberechtigt an Grund und Boden wurden.

Politische Rechte besaßen die Frauen keine – wieder bis auf wenige Ausnahmen, wie zum Beispiel regierende Lehnserbinnen oder Fürstäbtissinnen. Frauen waren nicht ratsfähig, sie konnten keine Richterinnen werden, sie waren nicht waffenfähig (wenn wir dieses Recht als einen Vorteil ansehen wollen).

Frauen waren auch nicht beteiligt an der Ideologiebildung, durch die Privilegien abgesichert wurden und jedem Menschen in der Ständegesellschaft sein oder ihr Platz zugewiesen wurde. Die Stellung der Frauen wurde weitgehend bestimmt durch ihre gesetzlichen Rechte und durch die Wertvorstellungen der Kirche über Männer und Frauen und ihre Stellung zueinander. Der Vorrang des Mannes war eindeutig festgelegt. Die mittelalterliche Kirche entwickelte ausgesprochen frauenfeindliche Lehrmeinungen, die ihren Höhepunkt in den Lehren des Thomas von Aquin fanden. Dies war um so leichter möglich, als Frauen von der Mitwirkung an der Ausbildung kirchlicher Lehrmeinungen ausgeschlossen waren und weiterhin ausgeschlossen bleiben sollten.

Die Versuche von Frauen, sich eine eigene theologische Position zu schaffen, eine Theologie, in der sie sich als Subjekte und nicht als Objekte männlicher Theologie wiederfinden konnten, bewegten sich fast immer an der Grenze zur Ketzerei. Selbst berühmte Mystikerinnen, wie Mechthild von Magdeburg, mußten sich gegen diesen Vorwurf immer wieder zur Wehr setzen.

Wenn ich mich frage, wie es möglich war, daß die Hälfte, zuzeiten sogar die Mehrheit der Bevölkerung so diszipliniert und fast ausgelöscht werden konnte, obwohl diese Frauen ihr Können im Beruf erwiesen hatten, eigene kulturelle und theologische Vorstellungen entwickelten, Kenntnisse über Medizin und Geburtsvorgänge einschließlich der Kontrolle über die Empfängnis besaßen, so ist dies für mich die entscheidende Antwort: Diese Frauen besaßen keine *politischen* Rechte, sie waren nicht an der „Herrschaft" beteiligt. Jahrhundertelang suchten sie die sozialen Nischen, in denen sie überleben konnten. Dies reicht offensichtlich nicht aus – das meine ich jedenfalls aus meiner Beschäftigung mit den Frauen des Mittelalters gelernt zu haben. Daraus lerne ich für heute: Sich friedlich in immer beengtere Lebensverhältnisse einzupassen, das harte politische Geschäft den Männern zu überlassen, Kinder zu gebären und sie zu „friedlichen" Bürgern heranzuziehen, eine Gegenkultur aufzubauen – dies alles wird den Holocaust nicht verhindern. Nur, daß er diesmal nicht mehr nur die Frauen trifft.

Zu den Abbildungen

Es ist nicht einfach gewesen, zum Leben von Frauen im Mittelalter Bilder zu finden. Die meines Wissens bislang umfangreichste Publikation zu diesem Thema, das – leider seit langem vergriffene – Buch von Sibylle Harksen, enthält auch nicht so viel vom Leben der „Normal-Frau", wie die DDR-Autorin sich vielleicht gewünscht hätte. Eine Reihe von Bildern habe ich in diesem Buch gefunden und übernommen.

Da die Tafelmalerei erst seit dem 14. Jahrhundert üblich wurde und über lange Zeit im Dienste der Kirche blieb, können wir fast nur aus der Darstellung biblischer Szenen etwas über das Leben der Frauen im 13. und 14. Jahrhundert erfahren. Ein Bild über die Geburt Jesu oder die Geburt Marias zeigt uns zugleich eine bürgerliche Wochenbett-Szene, zum großen Teil auch in der Kleidung der mittelalterlichen Zeit.

In der religiösen Plastik der Dome und Kathedralen wird die kirchlich angestrebte dualistische Aufteilung der Frauen in Heilige und Sünderinnen noch einmal deutlich. Bevorzugte Figuren sind Maria und Eva, die vom Teufel verführten törichten Jungfrauen, Synagoge und Ecclesia.

Bei der Suche nach Frauenbildern dieser Zeit stellte sich erneut die Klassen- und zugleich die Frauenfrage: Adelige Frauen, Fürstinnen und fürstliche Äbtissinnen ließen sich leichter finden in Gestalt lebensgroßer Plastiken, Grabplastiken oder Stifterfiguren. Frauen des Adels sind auch in Handschriften des Minnesangs, wie etwa der Manessischen Handschrift, öfter abgebildet.

Und das späte Mittelalter – die Zeit der Renaissance – bringt mit dem Erstarken der städtischen Patrizierfamilien eine Reihe Porträts vermögender Bürgerfrauen. (Übrigens sind dies sehr oft Doppelporträts von Eheleuten oder Brautpaaren.)

Das Leben der Frauen aus dem Volke und auch das von geistlichen Frauen – soweit sie nicht Stifterinnen, Heilige oder berühmte Äbtissinnen waren – zeigt sich mehr zufällig: in den Drolerien oder Miserikordien[139], in Handschriften und Schnitzereien, in den gemalten oder später gedruckten Illustrationen zu biblischen Geschichten, in den Monatsbildern der sogenannten „Stundenbücher"[140] und, im 15. Jahrhundert, in satirisch-polemischen Holzschnitten, die Volksbücher, Morallehren und ähnliches illustrierten oder als Flugblätter kursierten. Am Ende des 15. Jahrhunderts konnten Menschen und Landschaft direkt – ohne religiösen Bezug – gemalt, gezeichnet, in Holz geschnitten werden. Daß aber zu diesem Zeitpunkt die Frauen im Berufsleben keine Rolle mehr spielten (oder spielen sollten), zeigen die Holzschnitte dieser Zeit deutlich: In den verschiedenen Totentänzen gibt es junge Mädchen, alte Frauen, auch Herzoginnen oder Nonnen, aber Weberinnen oder Ärztinnen tauchen nicht mehr auf. Und in Jost Ammanns Ständebuch gibt es nur noch Männer, die ihren Beruf darstellen.

Dafür werden Frauen in Holzschnitten des ausgedehnten 15. Jahrhunderts oft polemisch dargestellt: die Frau, die ihren Mann schlägt, die Männer verführt, Frauen als Allegorien von Lastern (übrigens auch von Tugenden, gemäß dem schon erwähnten Dualismus), vor allem aber: Frauen als Hexen. Bilder zu diesem Thema gibt es reichlich,[141] wobei einerseits die Hexen oft abstoßend und häßlich dargestellt sind, auf anderen Blättern aber als schöne Verführerinnen. Berühmte Künstler wie Dürer und Hans Baldung Grien benutzten das Thema Hexe offensichtlich auch dazu, realistische nackte Frauen zu malen und dies mit dem Titel „Hexe" dann gefahrlos tun zu können.

Die in diesem Buch getroffene Auswahl zeigt, daß die arbeitenden Frauen aus dem Volke, die fahrenden Frauen und die geistlichen Frauen unterrepräsentiert sind. Das liegt in erster Linie daran, daß sie den Künstlern der damaligen Zeit und der herrschenden Kunstauffassung nicht wichtig genug waren. Sicherlich ließen sich jedoch noch mehr Beispiele von Frauen aus den Drolerien der Buchillustration oder unter den Miserikordien finden. Die in Büchern reproduzierte Auswahl von solchen Beispielen ist jedoch nicht unter frauenspezifischen Gesichtspunkten erfolgt. Einzelne Handschriften daraufhin durchzublättern, war mir nur bei wenigen Faksimile-Exemplaren möglich, und eine Reise durch gotische Kirchen mit Blick auf Chorgestühle war in diesem Zusammenhang auch nicht möglich. Hier bleibt der Entdeckerfreude von Frauen und Männern noch vieles überlassen – vielleicht reizt auch dieses Buch dazu.

Anmerkungen

1 Inzwischen sind eine Reihe ausführlicher und fundierter Bücher zum Thema erschienen, die beim Abschluß meines Manuskripts zur ersten Aufl. noch nicht vorlagen. Ich nenne hier vor allem: Edith *Ennen,* Frauen im Mittelalter, München 1985; Peter *Ketsch,* Frauen im Mittelalter, Quellen und Materialien. Hrsg. v. Annette *Kuhn,* Düsseldorf 1983 (Geschichtsdidaktik, Studien, Materialien); Claudia *Opitz,* Frauenalltag im Mittelalter. Biogr. d. 14. Jahrh. Weinheim, Basel 1985 (Beltz Ergebnisse d. Frauenforschung, Bd. 5)

2 Aus der Zeit der Verzweiflung. Zur Genese und Aktualität des Hexenbildes. Beitr. von Gabriele *Becker,* Silvia *Bovenschen* (u.a.), 3. Aufl. Frankfurt a. M. 1980, S. 61.

3 *Ketsch,* a.a.O., S. 310 ff.; Quellen 331 f.

4 *Ennen,* a.a.O., S. 131.

5 *Opitz,* a.a.O., S. 216 ff.

6 *Ennen,* a.a.O., S. 124.

7 *Ennen,* a.a.O., S. 63 ff.

8 Hartmann v. *Ane,* Erec, zit. in *Ketsch,* a.a.O., S. 268 f.

9 Prümer Urbar von 893, zit in *Ketsch,* a.a.O., S. 85.

10 *Ennen,* a.a.O., S. 89.

11 Hartmann v. *Ane,* Iwein; zit. in *Ketsch,* a.a.O., S. 103. Ketsch ist allerdings der Meinung, die Zahl 300 sei eine dichterische Übertreibung.

12 *Ennen,* a.a.O., S. 89.

13 Carl *Bücher:* Die Frauenfrage im Mittelalter, 2. verb. Aufl. Tübingen 1910, S. 532.

14 Zumindestens nach der älteren Forschung Büchers und Wachendorfs. Neuerdings wird diese Zahl als zu hoch gegriffen angesehen: Viele der in den alten Listen weiblich angegebener Berufe kennzeichnen möglicherweise Witwen, die den Betrieb der Ehemänner weiterführen. Vgl. *Ketsch,* a.a.O., S. 113 ff.

15 *Bücher,* a.a.O., S. 16 ff.
Helmut *Wachendorf:* Die wirtschaftliche Stellung der Frau in den deutschen Städten des Mittelalters, Quakenbrück 1934, S. 34 ff. u.ö.

16 *Wachendorf,* a.a.O., S. 23 f.

17 Sibylle *Harksen:* Die Frau im Mittelalter, Leipzig 1974, S. 27.

18 Heilbronner Hebammenordnung und -eid, Ende des 15. Jh.; zit. in *Ketsch,* a.a.O., S. 284.

19 Ebenda, S. 19.

20 Ebenda, S. 18.

21 Ebenda.

22 Ebenda, S. 129 f; nach Edith *Ennen,* Die europäische Stadt im Mittelalter, 2. Aufl. Göttingen 1975, S. 211 f. gehören auch Dienstboten zu den Steuerpflichtigen.

23 *Ennen,* Frauen ... S. 181 f; *Ketsch,* a.a.O., S.153.

24 *Bücher,* a.a.O., S. 8.

25 *Ennen,* Frauen ... S. 141 ff.

26 *Ketsch,* S. 182. 208, vgl. dazu auch die Quellen, S. 134 ff.

27 *Wachendorf,* a.a.O., S. 148.

28 Aus der Zeit der Verzweiflung, a.a.O., S. 45.

29 Ausführliche Literatur zu diesem Thema u.a.: Klaus *Thraede,* Ärger mit der Freiheit, in: Gerta *Scharffenorth* und Klaus *Thraede:* Freunde in Christus werden, Gelnhausen und Berlin 1977, S. 31-182; Mary *Daly.* Kirche, Frau und Sexus, Olten & Freiburg 1970; Auke *Jelsma:* Heilige und Hexen, Konstanz 1977; Eva *Schirmer,* Eva-Maria, Rollenbilder von Männern für Frauen, Offenbach 1988.

30 Das Evangelium nach Maria, in: Edgar *Hennecke:* Neutestamentliche Apocryphen in deutscher Übersetzung. 3. neubearb. Aufl. Tübingen 1959, Bd. 1.

31 *Thraede,* a.a.0., S. 79 ff u.ö.

32 Luise *Schottroff:* Frauen in der Nachfolge Jesu in neutestamentlicher Zeit, in: Willy *Schottroff* und Wolfgang *Stegemann* (Hrsg.), Traditionen der Befreiung, S. 188 ff.

33 Vgl. zur Rezeption v. 1. Mos. 2-3 durch die Kirchengeschichte Eva *Schirmer,* Eva-Maria, a.a.O. Dort ist mit ausführlichen Quellentexten die Gegenüberstellung der „sündigen" Eva zur keuschen und gehorsamen Maria dargestellt.

34 Apostolische Konstitutionen (Bibliothek der Kirchenväter 63, Kempten 1874), S. 115 f, 120. Zit. nach: Frauen in der Männerkirche, Hrsg. von Bernadette *Brooten* und Norbert *Greinacher,* München 1982, S. 16 f.

35 Tertullian, ca. 150-222 n. Chr.; zit. nach Friedrich *Heiler,* Die Frau in den Religionen der Menschheit, 1976, S. 137.

36 Aurelius Augustinus, De Civitate Dei, XIV, II; zit. nach Augustinus, Über den Gottesstaat, Bd. 2, München & Kempten 1914, S. 327 f.

37 Hieronymus, Patrologia Latina, 26, 570; zit. nach Mary *Daly,* a.a.O., S. 57.

38 Summa theologiae, Regensburg I, 92; II, 1126; zit. nach Mary *Daly,* a.a.O., S. 63.

39 Summa theologiae, zit. nach Hannelore *Christ,* Frauenemanzipation durch solidarisches Handeln, in: Literatur in der Schule, Bd. 2, München 1976, S. 73 f.

40 Thomas-Evangelium, Logion 114, pl. 99, 18-26, in: Edgar *Hennecke,* a.a.O., S. 216; entstanden vermutlich in der 1. Hälfte des 3. Jahrhunderts.

41 Hieronymus, zit. nach Mary *Daly,* a.a.O., S. 55.

42 Ambrosius, Expos. Luc. 2, 28-1, 84; zit. Thraede, a.a.O., S. 132.

43 ders., Patrologia Latina 15, 1844; zit. nach Mary *Daly,* a.a.O., S. 55.

44 *Harksen,* a.a.O., S. 29.

45 Herbert *Grundmann:* Religiöse Bewegungen im Mittelalter, Nachdr. Darmstadt 1977, S. 191.

46 Maria *Heinsius,* Der Paradiesgarten der Herrad von Landsberg, Colmar, Freiburg 1968, S. 11.

47 Matthäus *Bernards,* Speculum Virginum. Geistigkeit und Seelenleben der Frau im Hochmittelalter, Köln, Wien, 1982, S. 157 f.

48 *Bernards,* a.a.O., S. 203; 205 f.

49 *Abaelard,* Die Leidensgeschichte und der Briefwechsel mit Heloisa. Übertr. u. hrsg. von Eberhard Brost. Neuausg. (4. verb. Aufl.) Heidelberg: Schneider 1979 (Sammlung Weltliteratur) S. 75-85 (Ausz.).

50 A.a.O., S. 89.

51 A.a.O., S. 103-108 (Ausz.).

52 A.a.O., S. 139-41 (Ausz.).

53 A.a.O., S. 173 f (Ausz.).

54 A.a.O., S. 267 f (Ausz.).

55 A.a.O., S. 268-82 (Ausz.).

56 A.a.O., S. 283-88 (Ausz.)

57 *Grundmann,* a.a.O., S. 228.

58 Entf.

59 *Grundmann,* S. 312.

60 A.a.O, S. 224; S. 230 ff.

61 A.a.O, S. 239 f.

62 *Bühler,* a.a.O., S. 392-97.

63 Aus: „Ein Geschichte, wie Gott einer Klosterjungfrau geholfen hat." M. e. Sendbrief M. Luthers an die Grafen von Mansfeld, 1524, WA, Bd. XV, S. 89 ff; zit: Käthe *Stricker:* Die Frau in der Reformation. Berlin 1927, S. 27-29 (Ausz.).

64 Namenlos, 12. Jahrhundert; aus: Veronika *Erdmann:* Frauenlieder aus 3 Jahrtausenden, Lorch 1947.

65 *Bühler,* a.a.O., S. 445 f.

66 Ernest William *Mc Donnell:* The Beguines and Beghardes in Mediaeval Culture, New York 1969, S. 87.

67 Wie dies im Extremfall aussehen konnte, zeigen rechtliche Vorschriften aus der flämischen Stadt Aardenburg vom 14. Jahrhundert: Danach war ein Mann berechtigt, „seine Frau zu schlagen, zu verletzen, sie von Kopf bis Fuß zweizuteilen und seine Füße in ihrem Blut zu wärmen. Wenn er sie später wieder auf die Beine brächte, so daß sie am Leben bliebe, liege darin keinerlei Gesetzesbruch" (zit. nach Shulamith *Shahar,* Die Frau im Mittelalter, Königstein 1981, S. 92).

68 *Bühler,* a.a.O., S. 328-29.

69 *Mc Donnell,* a.a.O., S. 96.

70 A.a.O, S. 86.

71 A.a.O, S. 95f.

72 A.a.O, S. 94.

73 *Bücher,* a.a.O., S. 33.38.

74 *Bücher,* a.a.O.,S. 84,Anm. 39.

75 *Ketsch,* a.a.O., S. 192.

[76] Martin *Erbstösser* und Ernst *Werner:* Ideologische Probleme des mittelalterlichen Plebejertums, Berlin (DDR) 1970 (Forschungen zur mittelalterlichen Geschichte 7.), S. 117.

[77] *Wachendorf,* a.a.O., S. 19.

[78] *Erbstösser/Werner,* a.a.O., S. 42; *Grundmann,* Ausgewählte Aufsätze, 1. Religiöse Bewegungen, Stuttgart 1977, S. 377 f.

[79] Realenzyklopädie für die protestantische Theologie und Kirche, 3. Aufl. 1897, Art. Brüder und Schwestern vom Freien Geiste, von Herman *Haupt;* S. 471.

[80] *Erbstösser/Werner,* a.a.O., S. 99; *Mc Donnell,* a.a.O., S. 440 f.

[81] Theologische Realenzyklopädie Berlin, New York 1980, Artikel Beginen, S. 523; E. *Müller:* Das Konzil von Vienne, 1311-12 (Vorreformationsgeschichtliche Forschungen, 12), S. 518 f.

[82] Examen testium super vita et moribus beguinicarum per inquisitorem hereticae pranitatis in Sweydnitz anno 1332 factum. Ed. B. *Ulanowski,* in: Scriptores rerum Polonicarum, Vol. XIII, Krakau 1889, S. 240-46, Auszüge übers. E. S.

[83] *Erbstösser/Werner,* S. 109.

[84] A.a.O, S. 145.

[85] In den letzten Jahren werden, wohl im Zuge der Frauenforschung, solche Texte wieder herausgegeben und übersetzt. Studien zu einzelnen Mystikerinnen, z. B. „Eine Höhe, über die nichts geht". Spezielle Glaubenserfahrungen in der Glaubensmystik, hrsg. v. Margot *Schmidt* u. Dieter R. *Bauer,* Stuttgart – Bad Cannstatt 1986 (Mystik in Geschichte u. Gegenwart, Abt. 1, Bd. 4); Johannes *Thiele* (Hrsg.), Mein Herz schmilzt wie Eis am Feuer. Die rel. Frauenbewegung des Mittelalters in Porträts, Stuttgart 1988.

[86] Margarete *Porete,* Der Spiegel der einfachen Seelen. A. d. Altfranz. übers. v. Louise Gnädiger, Zürich 1987.

[87] Christine *Ebner,* Das Büchlein von der Gnaden Überlast; zit. nach Siegfried *Ringler,* in: Johannes *Thiele,* a.a.O., S. 146.

[88] *Thiele,* a.a.O., S. 149.

[89] A.a.O., S. 153.

[90] S. dazu *Thiele,* a.a.O. mit dem dort genannten Literaturanhang.

[91] Christina *Ebner,* Das Büchlein von der Gnaden Überlast, hrsg. 1871 von K. Schröter, 1924 übertr. von W. Oehl.

[92] Hildegard von *Bingen,* Scivias, Wisse die Wege, Salzburg 1954, S. 364.

[93] A.a.O., S. 89.

[94] A.a.O., S. 159-64 (Auszüge).

[95] A.a.O., S.371.

[96] A.a.O., S.366.

[97] A.a.O., S.100 f.

[98] A.a.O., S.179-80.

[99] Hildegard von *Bingen,* Heilkunde. Hrsg. v. Heinrich Schipperges, Salzburg 1981, S. 103.

[100] A.a.O., S. 306-10 (Ausz.).

[101] A.a.O., S. 306.

[102] Mechthild von *Magdeburg,* Die Offenbarungen oder das Fließende Licht der Gottheit. Übertr. u. erl. von Mela Escherich, Berlin 1909, S. XI.

[103] A.a.O, S. XI f.

[104] Mechthild von *Magdeburg,* Die Offenbarungen (...). Übertr. von Mela *Escherich,* Berlin 1909, S. 19-23.

[105] Mechthild ..., Hrsg. von Gall *Morel,* Darmstadt 1963, S. XXVIII.

[106] Ed. *Escherich,* a.a.O., S. 47.

[107] A.a.O, S. 57f.

[108] A.a.O, S. 36-40.

[109] A.a.O, S. 133 f.

[110] A.a.O, S. 67-70.

[111] Margarete *Porete,* a.a.O., S. 67 f.

[112] A.a.O., S. 126 f.

[113] Die Brücke bildet die Salbungsgeschichte. Im Johannes-Evangelium wird die Jesus salbende Frau als Maria von Bethanien benannt; Lukas kennt zu dieser Stelle eine ungekannte „große Sünderin", die traditionell – unrechtmäßig! – mit Maria Magdalena gleichgesetzt wird. Vgl. dazu meinen Beitrag „Maria Magdalena" in „Bad Women", Berlin 1990.

[114] Margarete *Porete,* a.a.O., S. 187.

[115] A.a.O., S. 182 f.

[116] Mechthild ..., ed. Escherich, a.a.O, S. XLI.

[117] Deutsche Mystiker des 14. Jahrhunderts. Hrsg. von Franz *Pfeiffer,* II, 1857, Neudr. 1924, S. 448-75.

[118] A.a.O, S. 448-75; von mir übersetzte Auszüge.

[119] Aus der Zeit der Verzweiflung a.a.O., S. 61.

[120] Hexen. Katalog zur Ausstellung. Thomas *Hauschild,* Heidi *Staschen,* Regina *Troschke.* Hamburg: Hochsch. f. Bildende Künste 1979, S. 43.

[121] Shulamith *Shahar:* Die Frau im Mittelalter, Königstein 1981, S. 237.

[122] Wilhelm Gottlieb *Soldan;* Heinrich *Heppe:* Geschichte der Hexenprozesse. Neubearb. und hrsg. von Max Bauer, München o. J. 1, S. 299.

[123] *Shahar,* a.a.O., S. 239.

[124] Eine ausführliche Quellensammlung bietet Joseph *Hansen,* Quellen und Untersuchungen zur Geschichte des Hexenwahns, Hildesheim 1963; eine Zusammenfassung, s. in: Aus der Zeit der Verzweiflung, S. 313 ff.

[125] Um hier nichts zu verdoppeln, verweise ich auf das eben zitierte Buch: Aus der Zeit der Verzweiflung, speziell auf den Beitrag von Helmut *Brackert,* S. 134 ff.

[126] *Institoris/Sprenger,* Malleus Maleficarum, 1486/87; zit.: Aus der Zeit der Verzweiflung, a.a.O., S. 342 ff, Ausz.

[127] A.a.O, S. 140.

[128] *Soldan/Heppe,* a.a.O., Bd. 1, S. 188.

[129] A.a.O, Bd. 1, S. 220; Aus der Zeit der Verzweiflung, S. 70.

[130] *Soldan/Heppe,* a.a.O.,Bd. 1,S. 297.

[131] A.a.O, Bd. 2, S. 17 ff.

[132] Z.B. die hier zitierten: *Soldan/Heppe,* Aus der Zeit der Verzweiflung; Joseph *Hansen,* Hexen, Katalog zur Ausstellung.

[133] Aus der Zeit der Verzweiflung S. 411.

[134] Ebenda.

[135] Friedrich von *Spee,* Cautio criminalis, zit. Soldan/Heppe, a.a.O., Bd. 2, S. 193-98.

[136] A.a.O, S. 212.

[137] A.a.O, Bd. 1, S. 439-41.

[138] A.a.O, Bd. 2, S. 225; 271 ff.

[139] Drolerien sind genrehafte Szenen, Tiere oder Fabelwesen, die am Rande von illuminierten Handschriften auftauchen. Oft sind auch die Initialen – die Anfangsbuchstaben – von Kapiteln mit solchen Szenen ausgemalt; Miserikordien (von misericordia = Mitleid) sind konsolenähnliche Stützen an der Unterseite von Klappsitzen der Chorgestühle; Chorherren, Mönche oder Nonnen konnten sich beim langen Stehen während der Gottesdienste daran abstützen. Da sie in der Regel verdeckt sind, wurden sie gern dazu benutzt, Fabelwesen, Masken oder Menschen aus dem Volk, manchmal auch derbe Szenen, darzustellen.

[140] Stundenbücher sind Andachtsbücher, die die für die einzelnen Stunden vorgeschriebenen Gebete enthielten, aber auch Bilder zu den Monaten des Jahres, zu Bibelstellen, Messen, Gebeten. Es gibt sehr kostbare Exemplare, die für vermögende Fürsten hergestellt wurden. Besonders bekannt ist das von den Brüdern von Limburg für den Herzog von Berry hergestellte Buch „Très Riches Heures".

[141] S. den Katalog „Hexen" von Thomas *Hauschild,* Heidi *Staschen,* Regina *Troschke.* Hochschule für Bildende Künste, Hamburg 1979 (Material 31).

Der Schreiber David Aubert überreicht Herzogin Margerete von Burgund das von ihm gestaltete Buch von Boethius „De consolatione philosophiae“, das diese Miniatur als Widmung enthält (1476).